明代登科錄彙編 廿一

士之文瀞滌滓窳各抒靈性其詞峭拔汪瀚其旨廓閎邃遠非不斌斌稱盛夷考其實得無稽制詰戎其言似勇而果弗若由者乎傳類通方其言似博而藝弗若求者乎稱儀考度修言禮樂而學道非

游者乎修容講讓浮言粉飾
而橨相非赤者乎畢議竭知
襲言押闔而通達非賜者乎
日沬洙泗之澤沐鄒魯之風
徒獵其緒餘以媒進而厝注
則踈飾羔雉取世資曾不獲
追七十子之芳蹤循其尺寸

以效用於
明時安所貴東人士乎哉則是
寶碔砆於荊山而收魚目於
合浦也必不爾矣方今
國家需人甚急
天子慮士習靡壞人才迂僻遂
俞廷議

詔正文體黜浮詭蓋欲得眞才以
充任使崇正學以維醇風固
已立之表而示之的矣士子於
此時果何以應乎其尚瞿然
顧化無貳爾心無飾爾言勿
家修廷壞勿靜言庸違勿矯
激以博名勿阿諛以媚世勿

以歲寒而改節勿以盛滿而
浮沉從此而對
大廷而服官守一不詭於孔子
之道以副
國家責實之效則臣之懼少釋
不然
上命臣等求士若以爲量若以爲

衡使絫黍儀毫十不失一士
一不當而徒以失實之言瑕
瑜之是臣負
上士負臣也臣亦安所逭法記曰
事君先資其言拜自獻其身
以成其信信者實也所以效
實也敬以斯言爲多士勗是

舉也總督河道則工部尚書
兼右副都御史臣舒應龍總
督漕運則戶部尚書兼右副
都御史臣李戴巡撫山東則
右僉都御史臣鄭汝璧監察
御史巡鹽則先令臣姚思仁
臣徐元正印馬則臣曹學程

巡漕則臣李炳有事地方則
戶部先令員外郎臣蔣杰臣
林世吉主事臣李尚耕臣李
華臣周之鼎工部郎中臣黃
承玄員外郎臣賀逢舜主事
臣陸化淳效勞於外則布政
司左參政臣梅淳左參議

邵以仁按察司副使臣吳之
龍臣趙詩祖臣王顯仁臣尹
應元僉事臣李天植都司署
都指揮僉事臣李繼春臣茹
尚仁先期入
賀則右參政臣沈九疇副使臣
詹思虞署都指揮僉事臣薛

領班則署都指揮僉事臣
王坤臣聶鈺臣譚經臣姚德
芳例得竝書云
戶部河南清吏司署員外郎
事主事王登才謹序

萬曆二十二年山東鄉試

監臨官

巡按山東監察御史連標 孟華河南禹州人 癸未進士

提調官

山東等處承宣布政使司左布政使田疇 子易山西文水縣人 辛未進士

山東等處承宣布政使司右參政汪應蛟 潛夫直隸婺源縣人 甲戌進士

監試官

山東等處提刑按察司按察使陳文衡 惟平江西鄱陽縣人 戊辰進士

山東等處提刑按察司分巡按察使趙欽湯 師商山西解州人 戊辰進士

考試官

戶部河南清吏司署員外郎事主事王登才 用溯 直隸開州人 己丑進士

戶部雲南清吏司主事韓邦域 仕廣 福建侯官縣人 丙戌進士

同考試官

河南開封府推官田蒙 正閩 山西陽城縣人 丙戌進士

江西瑞州府推官劉湧 子泉 河南商城縣人 己丑進士

江西建昌府推官楊武烈 伯承 [illegible][illegible]穀縣人 壬辰進士

湖廣常德府桃源縣縣丞朱昌 泰甫 四川富順縣人 丙戌進士

江西南昌府寧州儒學學正翁汝遇 獻甫 浙江仁和縣人 己卯貢士

直隸廣平府雞澤縣儒學教諭何兆湖 子雨廣東順德縣人 己卯貢士

廣東瓊州府瓊山縣儒學教諭梁尚通 惟姚廣東順德縣人 己卯貢士

陝西西安府耀州富平縣儒學教諭楊可陶 起居四川嘉定州人 壬午貢士

浙江杭州府錢塘縣儒學教諭劉一鵬 尚翼江西南昌縣人 壬午貢士

福建泉州府惠安縣儒學教諭金西科 賢校浙江西安縣人 己卯貢士

福建福州府閩縣儒學教諭鄭須德 存仁[illegible]建兼包縣人 丙子貢士

湖廣常德府沅江縣儒學教諭胡汝煥 孟弢江西南呂縣人 庚午貢士

印卷官

山東等處承宣布政使司經歷司都事趙士宣 惟明直隸涇縣人 監生

山東等處提刑按察司經歷司經歷孫 柟 廷用[illegible]武進縣 監生

收掌試卷官

兗州府同知吳邦泰 子開直隸順義縣人 癸酉貢士

濟南府泰安州同知李三陽 泰初直隸上元縣人 監生

濟南府歷城縣縣丞王鳴鳳 希瑞直隸定州人 選貢

受卷官

東昌府通判宋紹先 汝孝河南永寧縣人 監生

濟南府武定州判官李武 仁甫湖廣均州人 選貢

濟南府長清縣主簿崔穗 子實直隸衡水縣人 監生

彌封官

山東都轉運鹽使司同知沈銳 時莘浙江錢塘縣人 辛酉貢士

濟南府泰安州判官胡大倫 子敘北直隸祁門縣人 監生

濟南府臨邑縣縣丞吳道行 用儀陝西商州人 選貢

謄錄官

兗州府推官曹汝校 叔申陝西安化縣人 丙子貢士

兗州府滋陽縣縣丞芮總 伯理陝西鳳翔縣人 恩貢

濟南府淄川縣主簿周元善 子仁直隸臨淮縣 選貢

對讀官

青州府通判劉分稚　同考[illegible]　癸酉貢士

濟南府濱州同知矯志騰　翀南河南夏邑人　選貢

濟南府濟陽縣主簿許學顏　若愚河南洧川縣人　監生

巡綽官

濟南衛指揮使韓篤忠　世臣直隸谷淑縣人

安東衛指揮使王家將　次選直隸灤安縣人

濟南衛指揮同知吳節　介夫山東萊蕪縣人

濟南衛指揮僉事李孫東　復周直隸盱眙縣人

東昌衛指揮僉事劉堯臣　仕明直隸懷遠縣人

搜檢官

濟南衛指揮同知陶羽正　冲漢江西[illegible]縣人

濟南衛指揮同知楊金　汝鵰直隸三河縣人

濟南衛指揮僉事費惠　義甫直隸沛縣人

平山衛指揮僉事顧言　汝行直隸巢縣人

臨清衛指揮僉事李承宗　伯侃山後興州人

供給官

山東等處承宣布政使司理問所理問詹承裕　孝若江西玉山縣人　監生

山東等處承宣布政使司照磨所照磨張鵾　汝化貴州銅仁府人　選貢

山東等處提刑按察司經歷司知事余一鴻　[illegible]縣人　監生

山東都司經歷司經歷張崇孔　一中河南祥符縣人　戊午貢士

山東都司斷事司斷事王三聘　應之浙江會稽縣人　吏員

濟南府同知劉思誠　性之直隸山海衛人　癸酉貢士

山東都轉運鹽使司經歷司經歷[illegible]有人　楚材陝西鳳翔縣人　四貢

山東都轉運鹽使司經歷司知事康日章　文台福建鎮海衛人　選貢

東昌府經歷司經歷張文卿　漢臣直隸棗強縣人　監生

東昌府高唐州同知張熠　子亮江西南昌縣人　吏員

濟南府德州判官王士芳　紹德福建莆田縣人　吏員

濟南府歷城縣縣丞吳進緯　瑞卿浙江會稽縣人　吏員

濟南府鄒平縣縣丞劉尚敎　[illegible]直隸桃源縣人　選貢

東昌府冠縣縣丞周思彥　儆可浙江餘姚縣人　監生

濟南府武定州樂陵縣縣丞宋邦承　伯盛直隸華亭縣人　監生

濟南府濱州蒲臺縣縣丞吳讓　端甫陝西蒲城縣人　選貢

濟南府濱州利津縣縣丞易弘遠　恕齋湖廣武陵縣人　吏員

濟南府歷城縣主簿邢繼志　惟尚應天府高淳縣人　監生

濟南府章丘縣主簿鄭士聰　希顏直隸萬全衛人　選貢

濟南府鄒平縣主簿王洄　子元河南郟縣人　監生

濟南府肥城縣典史周文錦　甯夫直隸[illegible][illegible]縣人　吏員

濟南府齊東縣典史李道中　淮[illegible][illegible]邳州人　承差

東昌府崇武驛驛丞王庭　揚南直隸山陽縣人　承差

濟南府歷城縣五寧驛驛丞李一元　廬乾直隸合肥縣人　吏員

兗州府東平州汶上縣新橋驛驛丞宋寀　延佐山東泰安州人　承差

東昌府高唐州武城縣甲馬營驛驛丞蕭奇賢　國彥直隸萬全衛人　承差

第壹場

四書

禮以行之孫以出之信以成之

及其至也雖聖人亦有所不能焉

人之於身也兼所愛兼所愛則兼所養也無尺寸之膚不愛焉則無尺寸之膚不養也所以考其善不善者豈有他哉於已取之而已矣

易

象曰上天下澤履君子以辯上下定民志

九二孚乃利用禴无咎象曰九二之孚有

喜也

知周乎萬物而道濟天下

利用安身以崇德也

書

惇德允元而難任人蠻夷率服

常厥德保厥位

嚴恭寅畏天命自度治民祇懼不敢荒寧

懋乃后德交修不逮

詩

彼君子兮噬肯適我中心好之曷飲食之

四方是維天子是毗

雝雝在宮肅肅在廟

角弓其觩束矢其搜戎車孔博徒御無斁

旣克淮夷孔淑不逆式固爾猶淮夷卒

獲

春秋

夏公會鄭伯于時來隱公十有一年

晉人敗狄于箕僖公三十有三年晉侯伐

衛文公元年

冬十有二月丙午齊侯衛侯鄭伯來戰于

郎桓公十年

楚屈完來盟于師僖公四年春王二月秦

人入滑僖公三十有三年

禮記

是故禮者君之大柄也

樂統同禮辨異禮樂之說管乎人情矣窮
本知變樂之情也著誠去僞禮之經也
心不苟慮必依於道手足不苟動必依於
禮
可言也不可行君子弗言也可行也不可
言君子弗行也則民言不危行行而行不
危言矣

第貳場

論

天下萬事有大根本

詔誥表內科一道

擬漢景帝勸農桑禁采黃金珠玉詔後三年

擬唐以門下侍郎同平章事裴度兼彰義節度使仍充淮西宣慰招討處置使誥元和十二年

擬宋從御史吳中復請召還唐介知諫院謝表嘉祐三年

判語五條

信牌

錢法

祭享

夜禁

越訴

第叁場

策五道

問漢儒董仲舒有言曰人君正心以正朝

廷以正四方故陰陽和而風雨時羣生
和而萬物殖是以古之帝王有以克明
而被四表之光有以緝熙而治家邦之
化聖學聖政相須久矣自時厥後英辟
代有然率外合而中離始勤而終怠闓
詩書非不慚色覩經術非不銳情然以
求德業之幾希於古帝王能乎洪惟我

太祖高皇帝與
成祖文皇帝或以囏難造區夏或以兢業守丕

基其本之身心敷之四海卓哉莫以尚
矣有可得而颺言者歟我
皇上敬天勤民勵精化理故二十餘年
德隆澤浹時和年豐無足異者顧邇來
聖功懋矣而中原有失所之民
神武彰矣而東西多跳梁之警賴一時
恩威竝耀拯捄蕩平千古爲烈然進言者猶諄
諄以

視試爲辭豈
帝王德業與
天竝運習以爲常道固然歟抑端本清源進此
而更有說也諸士願忠已久自見其時
其爲我詳著用觀格心之略焉
問國是之關於羣議也尚矣故堯有衢室
之問舜有總章之訪於以見議之不可
已也我
國家稽古建制廣咨集愚其間決大疑排大

難藉諸臣之議為多也可歷指其人歟
追其後事不勝其旁出人不勝其自私
有以一事而甲是乙非有以一人而始
合終逆果晚近事難預度其不濟固然
歟抑其人不以公心直道從事之也昔
司馬光有言謀之貴多斷之在獨固矣
然謀之多也寧無辨博而不要其歸局
曲而不窺其大乎即毫無自為而以等
於相調相濟之和則遠矣斷之獨也寧

無中體而目之爲迂遲通變而視之爲
促迫乎卽毫無先主而以揆於如鑑如
衡之虛則乖矣而或者有謂
明天子辨姦賢之軌明賞罰之歸下
留中之疏於上覈風聞之實於下將直者無
所難於自白邪者罔所附而苟同然歟
否歟總之國是猶的也志一不正卽射
猶然難之矣矧國是也歟哉諸士據素
陳其毋諱

問自古英喆之主曷甞不用諫哉蓋木從繩則正后從諫則聖昔唐虞兩朝猶不以都俞忘吁咈而況散焉者乎是故有以排閭而破佞倖之歡有以上表而易驕諂之轍有以答問而通上下之意有以引燭而絕美人之封有以旱蝗而納平刑之說者此雖不可語於古英喆之林要亦三代而後所絕無而僅有者也今可悉為指數歟我

皇上初年開不諱之門信必然之晝姦佞專擅
者徐以諫斥中外號以爲
神明矣而說者謂近年來言路之通頗不逮昔
其故何歟或咫尺萬里
殿陛懸與或門戶角立持勝堅與或腰股反
置上下訟歟控拳者不可以解紛博擊
者不可以救鬬開之何門救之何因爾
諸生抱奇岩居豈無負當世之慮抱先
憂之志者乎願明言之毋負

聖天子求言至意

問元元之命懸于守若令彼剖竹擁連城綰綬長百里將拊循是務豈令秦越其民平居無所施惠一旦有緩急乃始倉皇引領大司農金錢也頃歲不登餓莩相望中州以北赤子至操挺從潢池中博一生即泗汶之間人人菜色易子啖草糊口旦夕非賴

上仁聖亟發帑金且未知所稅駕拊循之謂可

亦可求其故歟卽所發金錢能遍蒙益
輯穫者而給之乎桑土之畫惟有積貯
耳郡邑有常平倉閭村有社倉法非不
設也乃口實積穀而取盈贖鍰民益空
口實社倉而橫征富室民益擾必何如
而後其法始無弊哉乃有令高密寬仁
恭愛民不忍欺者乃有發布粟賑民懷
義忘罪當仁不讓者乃有勞來循行使
民賣刀劒買牛犢者乃有發賑未嘗須

報行部至邑惟以糲飯進者乃有躬詣
田野教民樹藝九年無倦者皆有聲東
土民誦義到今亦可倣而行之乎今爲
吏緩媚下而急媚上拙謀民而工謀身
則何以風之令吏一意煦摩毋急一切
期會爭旦夕譽也諸生覩枌榆日益彫
敝且有槩於中其悉譚之毋隱

問士君子黜財利弗譚乃昔成周鄧隆則
九賦斂財賄九式均節財用理財即聖

王不諱也周之衰法廢財亦益耗乃倚
才術之士揣摩利孔與吾設輕重九府
而齊富計然以時收物而越富桑弘羊
籠天下鹽鐵而大司農有奇羨劉晏提
十五道賦而度支不乏其策孰爲得失
今天下北憂胡東憂倭財之出加十之
六災祲之疏無歲不上財之入減十之
六以日減之輸當日加之出胡以應之
生財之孔業已盡開即使管計操衡桑

劉權筭能設一奇否頃
詔臣工畫理財便宜狀奏牘旁午顧往往勇議
生而怯議節議生足以見能議節動至
觸諱是溺巵終無巳時也諸生以爲當
塞其流否試相與籌之

中式舉人七十五名

第一名洪良範　沂州學生　易

第二名張如阜　章丘縣學增廣生　詩

第三名王惟董　費縣學生　書

第四名岳[illegible]精　觀城縣學生　禮記

第五名李曾生　濟南府學生　春秋

第六名李翼明　德州學增廣生　書

第七名郭聚民　萊州府學增廣生　詩

第八名賈毓祥　平度州學生　詩

第九名吳允中　曹州學生　詩

第十名王孟震　淄川縣學增廣生　易

第十一名周　詩　霑化縣學增廣生　易

第十二名郭尚友　濰縣學增廣生　書

第十三名孫必大　萊陽縣學生　詩

第十四名王純臣　萊陽縣學生　詩

第十五名郭　鏘　德平縣學生　易

第十六名桂　詩　濱州監生　書

第十七名馮　瑗　臨朐縣學增廣生　詩
第十八名楊起鳳　嶧　縣　學　生　書
第十九名張蒙正　歷城縣學附學生　春秋
第二十名宋同業　陽信縣學增廣生　易
第二十一名潘　蟾　高密縣學附學生　詩
第二十二名王汝登　寧海州監生　書
第二十三名張五典　陽信縣學附學生　禮記
第二十四名劉之用　泰安州學生　易
第二十五名馬　貢　陽信縣學生　詩

第二十六名侯提封　鄆城縣學增廣生　詩
第二十七名李正茂　東平州學生　詩
第二十八名潘士良　濟寧州學生　易
第二十九名陳思孝　昌邑縣學生　書
第三十名董可威　青州府學生　易
第三十一名徐嗣愛　鄆城縣學生　易
第三十二名張聯台　德州學生　詩
第三十三名尹應祥　濱州學增廣生　書
第三十四名呂封膏　鉅野縣學生　詩

第三十五名劉　燦　博平縣學生　書

第三十六名蔡思齊　掖縣學生　詩

第三十七名張思桂　海豐縣學生　易

第三十八名邢　祚　濮州學增廣生　詩

第三十九名李志道　聊城縣學增廣生　詩

第四十名許期順　冠縣學生　春秋

第四十一名穆　遠　濟南府學生　易

第四十二名王　泮　安丘縣學生　易

第四十三名顧四明　利津縣學生　書

第四十四名劉東魯　萊州府學增廣生　詩
第四十五名任彥棻　兖州府學生　詩
第四十六名趙　岱　平陰縣學生　禮記
第四十七名楊弘謨　滋陽縣學增廣生　詩
第四十八名董三策　益都縣學附學生　詩
第四十九名任有勇　平原縣學生　春秋
第五十名胡士標　冠縣學增廣生　易
第五十一名朱延禧　聊城縣學生　書
第五十二名王象晉　新城縣學生　詩

第五十三名馬文衡　陽信縣學增廣生　詩

第五十四名呂正音　濟寧州學附學生　易

第五十五名張光裕　臨邑縣學生　詩

第五十六名王汝樞　利津縣學生　書

第五十七名潘堯琚　長清縣學附學生　詩

第五十八名亓才　萊蕪縣學生　易

第五十九名張敘　長山縣學生　書

第六十名李三畏　長山縣學生　詩

第六十一名林光先　萊州府學生　詩

第六十二名齊君榮　陽信縣學增廣生

第六十三名姚之策　濱州學生　書

第六十四名霍琚　青城縣學生　詩

第六十五名范聯芳　黃縣學生　易

第六十六名崔講　東阿縣學訓導　詩

第六十七名宋燾　泰安州學增廣生　書

第六十八名張爝　高苑縣學生　詩

第六十九名史民悅　青城縣學生　禮記

第七十名張文炫　安丘縣學生　春秋

第七十一名呂啓源　滕縣學增廣生　書

第七十二名路周道　汶上縣學生　書

第七十三名葉時元　東昌府學生　易

第七十四名曹　璉　青州府學生　詩

第七十五名李元忠　濟南府學附學生　易

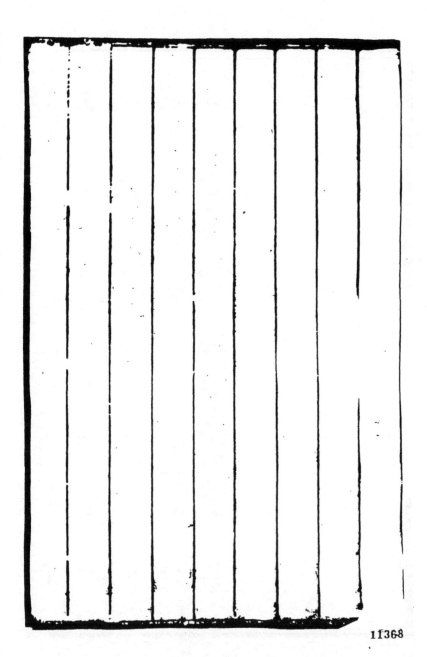

第壹場

四書

禮以行之孫以出之信以成之

洪良範

同考試官教諭金　批　不事雕琢而渾樸無華幾於大雅

同考試官學正翁　批　味厚積融格正辭確

同考試官推官田　批　雄渾古健瑰瑋不羣

考試官主事韓　批　精練雅馴

考試官署員外郎王　批　醇融條鬯

聖人於君子之應事而備嘗其相濟者焉夫事期於相濟則禮孫信烏可闕一哉且夫人之任事也嘗試者乏定見疎略者鮮完行惟持衆美而時措之事斯善矣何也事嫌於直遂則品式不可踰而驕亢之氣參焉弊且乖戾而不和事嫌於徑情則和順不可拂而僞妄之私入焉弊且虛浮而無實故當其行也則思曰吾業已揆諸義矣而義常過激得無失於偏乎必約而準繩飾而儀則非故爲是矜持也踰閑則隳中度

則善吾將事期於中度奈何不以禮也當其出也則思曰吾業已合諸禮矣而禮常過嚴得無失於驟乎必和平其心須適其變非故為是謙抑也急遽則紊從容則善吾將事期於從容奈何不以孫也由是而成則思曰吾業已善其行善其出矣而作輟易乘得無流於偽乎必外與內孚終與始一非故為是堅持也浮誕則漓真誠則善吾將事期於真誠奈何不以信也推行一本於範圍而又有委婉者在剛嚴而正舒徐

而不迫施為一出於遜讓而又有誠確者存則和而純真切而不浮以此應事詎有不善哉雖然信尤其本焉事宰於心而以實心任實事何用不臧儻信之不立則禮亦虛文孫亦委靡耳何足以集事嗟夫信在事先為豫立因事起信為襲取豫立與襲取效有分矣君子其辨之

及其至也雖聖人亦有所不能焉

岳儲精

同考試官教諭何　批　瀚海波濤洞覆萬里

考試官主事韓　批　婉切朗透

考試官署員外郎王　批　淋漓透徹

聖無全能以道不盡於聖也蓋道在聖人即有不能何病適以明費矣嘗謂天下無一不足觀道亦無一足以盡道惟自其無能盡者論之而道之大全始見夫道之可能不肖且未限之矣而況聖人乎然而極斯道之分量即聖人猶然囿於其中律聖人以全體而斯道猶然包乎其外道之範圍足以參兩天地而究其參兩之功

必使含生天壤無一不若其天而後謂全能然而時不可必也時當其窮即參兩天地之聖或且未遑矣道之流通足以包括古今而語以包括之全必使俯仰宇宙無一不備其量而後謂至極然而勢不能備也勢有所難即包括古今之聖亦有未逮矣神聖顯懿斯道惟所負荷抑安得以道限之第道之充周無盡而聖人之負荷有盡以有盡當無盡纖毫未及即隘斯道之作用調燮斡旋吾道惟所主持抑胡以能病之

顧聖人經綸有涯而道之彌漫無涯以有涯運無涯毫髮有虧卽非吾道之全能以是知不肖之與能全體中之幾希也道不加於夫婦聖人之不能是萬分中之一分也道豈損於聖人哉此可以觀貫矣嗟夫聖人之不能聖人固不諱也輓近學士務奇行以傾流輩動飾其不能而索於不可能其害道且出不肖下矣然則希聖者宜何如曰自簡能始

人之於身也兼所愛兼所愛則兼所養也

無尺寸之膚不愛焉則無尺寸之膚不
養也所以考其善不善者豈有他哉於
已取之而已矣
賈毓祥
同考試官教諭胡　批　法言典古時見神來諧絕窮微直趣
亦解
同考試官教諭劉　批　格高調古楚楚清裁名理自勝
同考試官縣丞朱　批　雄暢新奇意見遒最
同考試官推官劉　批　詞意古雅末段尤精確絕塵

考試官主事韓　批　警切奇邁

考試官署員外郎王　批　凌厲超特

大賢重善養而決其機於已焉夫人身惟在所養也機由已取奈何不擇而徒取於兼耶嘗謂吾人受形天地以有此身詎不甚重然必有所以善其養者斯可以善其身何則夫物不繫於情之所愛則其愛有所不周愛不篤於心之所周則其養必有所不徧迺若身也曾有一之弗愛者乎愛身也曾有一之弗養者乎此固無間

尺寸誠兼之矣顧愛等耳賢知以之而進於強明凡背以之而耽於沉溺養等耳養善則精明與強固而兩得養不善則溺心與伐性而交叢夫人即甚蔽錮未有不願乎養之所爲善者而善何從考考之於已而已吾自有之吾自決之不待箴規而恍然悟矣夫人非甚昏昧未有自甘乎養之所爲不善者而不善何從考考之於已而已吾自失之吾自證之無俟告戒而惕然省矣蓋取其爲不善也者於已便焉而於身無

聖王在上而能令民各安其分者寧徒以法制
齊哉蓋亦明示典常而默化其心志耳上天下
澤萬古不易之定禮也君子觀此以爲維持世
道者先民心聯屬民心者先名分於是緣分定
名垂一王之令典禮達分定約萬民之趨向議
爵於朝廷無論賤不敢干貴矣卽此貴之中尊
卑亦各殊其等夫民也貴者定於上賤者定於
下誰復萌踰越之思乎試觀寮案之間而不安
其位者誰也議食於邦國無論貧不敢望富矣

即此富之中厚薄亦各因其力夫民也富者定於上貧者定於下誰復萌侈靡之想乎試觀四民之內而不安其職者誰也民欲雖無涯而典章既著則有條而不紊故君子不必更爲約束而即此上下攸分自有以消民之溢志民情雖易縱而紀綱既立則有分而可守故君子不必別爲調劑而即此上下大明自有以杜民之侈心不然民未知上誰不肆然僭於上民未知下誰肯帖然甘於下即日懸法令以制之民志且

紛然靡所措矣惡乎定哉大抵禮可以防民不可以化民化民之本尤在於身何也斯民從教不從令苟此身不納於中正即日示以禮其越法亂紀者猶故矣不然綿蕞之儀夫豈無上下之辯而何漢治卒不古遠也

知周乎萬物而道濟天下

洪良範

同考試官教諭金　批善發合一之旨而詞調宏遠

同考試官學正翁　批冠裳精鍊讀之神怡

同考試官推官田　批　氣雄而才儁骨勁而神清

考試官主事韓　批　詞當氣充

考試官署員外郎王　批　雄杰精沛

聖人之心照乎物而仁及之也夫天下萬物兼知之難兼濟之尤難也自非聖人孰能仁智並行哉甞謂聖王位並天地何物不關其胷臆是故鑒别貴精容保貴廣也何則萬物雖賾皆我同胞而玄覽未徹者方懼知之難周天下雖大皆吾一體而慈惠未宣者方懼濟之難遍惟聖

入玄神內朗既以坐照乎羣情而駿惠旁施輒以廣被乎寰宇窮簷幽谷而物情之難達者何可勝紀悉洞達於一心矣且時而勤采訪即時而勤撫綏湛恩濊澤與濬哲以俱流而道濟洽於域中矣九垓八埏物理之難察者何可勝數悉昭察於一心矣且時而勤咨詢即時而廣賚予深仁厚澤與聰明以俱溢而道濟暨於海內矣有經世之大權而未始無高世之遠覽是故以一心照萬心而後萬物無隱情有過人之識

見而未始無利人之德惠是故以一人濟萬人而後天下無失所吾固於知周而知天下誦洞悉民隱者惟聖人吾又於道濟而知天下仰慈惠安民者惟聖人其與天地相配也復何疑抑論爲民之主知固要矣仁尤急焉盖心主於愛則一動念皆民瘼行政皆民務其咨之憂如傷之視皆仁心惕之也奚必物物察而後仁之不然漢唐之主亦有采訪民情者何不得與堯舜竝稱

書

惇德允元而難任人蠻夷率服

李翼明

同考試官教諭鄭　批　整嚴如老將用兵冠冕若名公挂笏

同考試官教諭楊　批　布格正大措詞擊特

同考試官推官楊　批　沉雄醲郁

考試官主事韓　批　訓偉調蒼

考試官署員外郎王　批　高古典重

聖世親賢遠姦外攘之道也夫賢人用而壬人

去修內治也而蠻夷因之率服聖世之懷夷如此帝命十二牧曰朝廷之大權在用人而其大化在服遠今夷尚梗化或者亦賢邪之辯未明也何者國家必資人以治而賢邪多易於混淆顧仁賢用則升國祚於昌明而中外仰其丰采壬人用則淪國勢於卑弱而遠邇乘以生心必也其惇德乎隆以寵渥躋以崇階不言厚也其允元乎徹其肺腑推以腹心不言密也其難壬人乎移之郊遂斥之四裔不言刻也其在朝廷

則以用以舍嚴察官材固以振紀綱於五位亦以寓折衝於樽俎在中外則以勸以懲風勵以心罔激發天下之機括亦震疊外夷之機權將凡蠻夷向萌竊發之姦令樂於納款若曰中國之舉措當也凡我夷狄敢阻聲教而輸志畢誠無攜貳矣向方招徠之難令入我羈約若曰中華之黜陟嚴也凡我戎夷敢違化導而傾心愛戴非羈縻矣不然仁賢隱佚讒邪高張方且關乎世運即修意修文何以得其服賢邪共國疑

信相參亦且生乎釁端雖窮兵黷武何以格其心介牧勉矣抑蠻夷之患何代無之彼虞廷君臣所為服遠者不過戒怠荒敷文德致嚴於賢姦此外無奇策焉迺知善御蠻夷者為之廟堂之上而已後世有將相得人而外夷相顧不敢入者亦惇允之遺烈焉

嚴恭寅畏天命自度治民祗懼不敢荒寧

王雅量

同考試官教諭鄭　批　詞氣雅煉絕無支蔓語

同考試官教諭楊　批　氣度舂容詞語爾雅

同考試官推官楊　批　清徹容適卓爾不乙

考試官主事韓　批　鏘鏘有聲

考試官署員外郎王　批　醇粹溫雅

商王之修巳治人一於敬而已蓋敬者聖學之要也修巳則敬治人則敬商王眞無逸哉且人主所以養之穆清而達之臨涖者獨此敬爲之樞顧位高拱之尊則檢束之難而臨兆庶之微則輕忽之易盡道者吾見於商中宗矣彼以人

主自深宮以及臨御總無可忽之地而自持已
以至治民皆非得肆之時是故嚴翼而不弛恭
謹而不懈寅肅以宅其衷畏懼以固其存心源
豐豐則檢飭自屬出往遊衍日與帝降相凝承
而內與外交惕也意念惺惺則防範必密起居
動息日與帝則相持循而心與身交攝也由是
以此修主德端之為化原即以此顧民碞運之
為治理民隱難周本非可以忽心恭而況以嚴
恭之心下徹閭閻將凜然祗懼惟恐貽失所之

慮者而何敢荒也民依難計本非可以慢心乘而光以寅畏之心俯軫畎畝將兢然祇懼惟恐之拊循之略者而何敢寧也以主敬淵密者裕治民之真宰以勤恤民瘼者達敬德之妙用蓋所稱無逸之主哉而享國有由矣大抵人君一心惟嬙柔曼之態便佞諛諂之辭乘隙交中即一腔不能自持而褻天慢民所自來矣繦褓之訓無逸之陳姬公於成王諭教早也卜年過曆有以維之也故愛君者當以周公爲法

詩

雝雝在宮肅肅在廟

張如皋

同考試官教諭胡　批　冲融雅則質有其文

同考試官教諭劉　批　刊落浮言力追大雅

同考試官縣丞朱　批　構意精融抒詞窔奧鴻裁也

同考試官推官劉　批　闡闢得體精采爛然

考試官主事韓　批　真切溫醇

考試官署員外郎王　批　清徹春容

聖王和敬之德隨在而宜者也夫在宫宜和在
廟宜敬也文王以之可謂至德也已歌文德者
有曰我文王有所燕處則家人宜有所將享則
鬼神格人嘗曰一德致然也孰知隨在而異施
者有咸宜焉吾茲觀其深矣彼宫闈邃密之地
家人至親萃於斯則尚和焉一以暴戾參之則
不免於傷恩惟文王在宫也則雍雍焉情切一
本而豈弟昭其度愛洽宗盟而樂易揚其休雖
分義所在其禮未嘗不嚴然以恩勝者卽以恩

聯之藹然和順之流通非雍雍不足名之矣觀
德於雍雍不可想見徽柔之懿範乎宗廟俎豆
之地神明英爽臨於斯則尚敬焉一以褕惰乘
之則不免於慢神惟文王在廟也則肅肅焉思
慕殊深而被濯其念慮音容如在而式謹其趨
蹌雖萃渙所孚其意未嘗不和然以敬勝者即
以敬施之恪然嚴翼之罔間非肅肅不足名之
矣觀德於肅肅不可想見懿恭之矩度乎要之
神人一理在宮在廟無兩心和敬一原雍雍肅

肅總一念而文王不自知也非甚盛德曷克臻此雖然緝熙敬止文王之德一純而已純故不已隨所在而咸宜也載考假樂之穆皇清廟之表德益見德化所及者遠矣何後世不知適有裂衮繡宣淫倚跛臨祭者然後知文德之不可及也吾於是有慨

角弓其觩束矢其搜戎車孔博徒御無斁

既克淮夷孔淑不逆式固爾猶淮夷卒

獲

孫必大

同考試官教諭胡　批　骨理沉深神情挺拔

同考試官教諭劉　批　馳驟中繩墨自在

同考試官縣丞朱　批　闊宕含蓄盡敷芳潤

同考試官推官劉　批　詞雅機圓得詩人稱頌微意

考試官主事韓　批　古雅雄勁

考試官署員外郎王　批　雄偉沉邃

詩頌魯侯服遠之深不以威而以謀也夫淮夷
而至卒獲服何深哉此必非徒威所致者詩頌

僖公欲其重謀以服遠也若曰自昔英毅之主類能樹伐邊陲然服之一時而未能服之久遠此非褻於威則實疎於謀也我魯僖不其然我侯之東望而興嗟者久矣凡慮淮夷僭逆勢難卒獲耳是故張爾弓矢勁且急矣御爾車徒博且奮矣操必勝之技皆中國之所長亦既虓淮夷之魂而令之奉命恐後乎率有制之兵皆敵人之所短亦既奪淮夷之氣而令之奉諸維謹乎夫百年逋寇一旦歸命是可幸也然夷情叵

測一旦生心猶可慮也又必求戰勝于堂上謀欲周不欲疎屈夷虜於邊疆服在今亦在後淮夷之叛服無常吾計其服又計其叛又計其旣服而復叛則謀猷所運一皆萬全之畫彼卽極跳梁乎料不出吾範圍中也自今不復叛矣淮夷之出沒無定吾謀其出又謀其沒又謀其旣沒而復出則猷畫所宣一皆必勝之策彼卽極反側乎料不越我睿筭中也自今不復出矣蓋奮神武而用神略在我侯之制馭夷狄本非羈

於旦夕故惕兵謀甚於畏兵威在淮夷之歸
也上國亦欲臣妾於萬年以不逆者而至於卒
獲斯誠盛事哉而吾蓋深願於我公矣柳詩之
於此頌也有由也彼國家之勢已見其積弱不
得不振之以威不然四郊未有警也而切切於
東南諸夷不幾於窮兵黷武乎於此見華夷相
倚之勢而順治威嚴貴各以時講也

春秋

夏公會鄭伯于時來　隱公十有一年

張蒙正

同考試官教諭胡　批　樸茂雄深風格最上

同考試官教諭梁　批　風骨稜稜才華藉藉

考試官主事韓　批　澟澟斧鉞

考試官署員外郎王　批　詞嚴義正

强國結內謀小春秋原其志而誅之也此見時來之會鄭莊謀許而會也其志可勝誅哉時來有會修舊好也安知非二國之同心乎春秋書會以爲志在鄭者何君子曰即時事可覩矣想

莊之志豈不曰彼之位吾定之矣郜防二邑吾歸之矣彼晉實德我亦何愛於許許能增我亦何惜一會故時來之會圖許者惟莊請會者亦惟莊隱不過唯唯從命而已詞曰天方禍許而假手於我寡人詞非不順也然不過貪其土地利其人民而藉口以成其志耳非志欲奉天討也又曰獲也佐於我死乃亟去名非不正也然不過拓其疆土泯其宗社而僞言以成其志耳非志欲寧許圍也噫許雖附庸乎亦周天子封

建之國也而莊也敢於業逆焉名曰徼福志則
饕餮陽爲討亂志則啓疆蓋至於聊爲固圉之
言莊之志爲固圉而會也無資他族之恐莊之
志爲資己而會也向不問志之謂何而槩以會
書則詭計之莊可以倖免而從命之隱亦可嫁
首惡矣豈聖人原情定罪之法哉故書曰會於
時來見志在鄭也志在鄭則罪亦在鄭矣抑莊
之爲志可謂險矣殺弟敗王兼併日甚固視爲
萬世不拔之業身未幾五子爭立太子出奔天

道好還信哉

楚屈完來盟于師 僖公四年 春王二月秦人入滑 僖公三十有三年

李曾生

同考試官教諭梁 批 清新奇古如五色雲車非凡間步驟

考試官主事韓 批 行婉而雄

考試官署員外郎王 批 精細雄古

應敵有二道皆無庸戰也夫楚以詞鄭以備皆應敵之善物也何常徼一戰之捷哉昔曹子謀

會而長勺勝齊夫絜理則應兵者勝程功則詐捷者奇而君子不滿焉者曰此非所以寡怨而已亂也不聞楚鄭之事乎方齊桓聲罪南海掠下蔡而抵荆襄疇不謂齊涉吾地何難投袂而應而楚不然也其大夫屈完者馳詞於觀兵間寡君邀好之願明我之服義方城漢水之險折彼之雄心卒之欲戰不可欲攻不能齊竟爲楚退舍矣脫也不以詞而惟以二廣之雄一逞則八國攻堅江黃乘虛楚未可知卽幸一捷亦秪

以多齊怨而滋楚亂耳故知非文詞不爲功也
是應敵一策也方秦穆勤師千里過二陵而窺
溱洧疇不謂秦涉吾地何難整旅而應而鄭不
然也其商人弦高者飭備於犒師間乘韋十二
明示我之先覺遣使入告牆彌彼之不虞卒之
欲攻不克欲圍不繼滑竟代鄭受兵矣假令不
以備而惟以魚麗之師一角則三帥外環杞子
中起勢無完鄭即幸一捷亦秖以多秦怨而滋
鄭亂耳故知惟有備斯無患也又應敵一策也

然則長勺之齊固異日陘亭之齊且與秦穆等耳獨不可以詞却備桿乎而安用此戰此勝爲乎抑屈完雖有詞桓公柔服之功不可誣也鄭供行李之國而倖一免國之不毀天幸爲多矣是可見服遠有道非屈其力也備國當預非以患至而戒患去而弛之謂也兩者有國者當熟講之

禮記

樂統同禮辨異禮樂之說管乎人情矣窮

本知變樂之情也著誠去僞禮之經也

岳儲精

同考試官教諭何　批　上下呼應珠聯璧合

考試官主事韓　批　[illegible]情詞雅

考試官署員外郎王　批　[illegible][illegible]典雅

惟禮樂切於人而人情賴以治焉夫統同辨異禮樂於人至切也不然情之變僞胡以治之記樂者曰綱紀世道維持民心豈不以禮樂哉而世或等之儀文節奏以爲此與人情無當耳詎

知禮樂之說固人情所必不能外乎樂之說胡爲者緣不可變之情而作之又舉其多變之情而統之蓋囿天下於和順道德之中而維其情使不流也此樂以管人情其說則然也禮之說胡爲者緣不可易之理而制之又舉其多僞之情而辨之蓋羣天下於謹審節文之內而攝其情使不離也此禮以管人情其說則然也度數聲容聯天下之交而洽其情文章品節秩天下之等而昭其辨禮樂之於人抑何切也惟其管

人情之如斯也吾見樂統天下之同而情之有不同也豈其本殊夫亦多變之情淆之耳故窮本始以析情境之頓異者乃樂之自然而妙於感者也禮辨天下之異而情之固多異也豈其誠微夫亦多僞之情汩之耳故蓧眞純以祛情僞之微萌者乃禮之當然而著其敎者也鏡本來以澄習染而樂敎挽人心之太和培眞宰以滌外妄而禮制樹當世之繩檢故曰禮樂之說管乎人情詎非於窮本著誠者槪其深耶雖然

禮樂之管人情豈其情文茂也則仁愛義正爲之本耳不然起綿蕞者有簾遠之嫌而歌房中者導淫侈之風奚以治人情也噫非聖天子建中和之極烏能當此治情之化乎

可言也不可行君子弗言也可行也不可言君子弗行也則民言不危行而行不危言矣

岳儲精

同考試官教諭何　批　君民感應之意深微通之去

考試官主事韓　批　蒼古明淨

考試官署員外郎王　批　精健充實

民風之薄上之言行風之也夫危言危行民風

薄也今謂上以誠感而民不還淳也哉嘗謂堂

皇之舉動關民風之淳漓而億兆之精神視宸

衷之意向故大人者一言一動常思以風勵四

方若之何以游言爲之階也是以君子者兢兢

於布令宣謨而數宣即爲建立凜凜於立極章

執而注厝即爲訓謨若其可言而不可行此危

行之言不可訓也君子弗言也恐言之而民以爲儀也可行而不可言此危行之言不可訓也君子弗行也恐行之而民以爲則也夫朝廷立四方之極而極建於此則機動於彼君身爲萬化之原而原正於上則化成於下民習見夫主上之不輕言章章如是且日謹審其言以應夫安敢爲無稽之譚以其言危行而自玷於謹言之化也民習見夫主上之不飾行章章如是且日砥礪其行以應夫安敢爲駭世之圖以其行

危言而自外於敦信之化也卽有巧僞者方借
言行以自文而軌範既彰則巧僞化爲端慤卽
有詭異者方託言行以自矯而視聽既一則詭
異化爲易簡以上化民以民從上若斯之速也
嗟夫先王之世條教未設也而民日奉法程戴
仁履義至死不忓文罔故曰堯舜之民以堯舜
之心爲心晚近世挾朝四暮三之技塗民耳目
條教日益詳閭村騷然苦擾矣彼陰握其飾僞
之幟而陽引之尚實之教則愚之也民豈可以

愚使矣

第貳場

論

天下萬事有大根本

張如阜

同考試官教諭胡　批　典確雅馴風流自賞

同考試官教諭劉　批　朗暢博洽自爾不羣

同考試官縣丞朱　批　宏大之氣沉密之思自是佳品

同考試官推官劉　批　搜羅經史運用筆端如貫珠聯玉燦

考試官主事韓　批　宏博嫻雅琅琅可誦

考試官署員外郎王　批　錯綜豔發讀之神悚

人君型範宇內陶冶人羣蓋有綱焉提其綱則精神不役耳目不煩而後可以善其治於不匱何謂綱心是已君心甫方寸而包羅庶務君心甫斯須而橐籥今古炯炯靈明惺惺眞覺不事事而爲事事府不物物而爲物物君是故善治者不鰓鰓末務而超然深思遐覽獨鏡化原握眞宰

而早爲之計識治體者也朱子曰天下萬事有
大根本請申論之人君一身戴堪履輿乘乾御
籙豈徒文棍繡檻蜀紈吴罽猩唇麟脯九韶六
英玄黃黛緑以養其口體耳目視天下事若秦
越然而漫不加意哉藉使守恬希夷解桎梏剖
衡石於天下事置而不理而事廢不則宵衣旰
食標枝葉瑣簿書於天下事泛而無紀而事亦
廢則大根本宜亟圖也今夫户得樞則闔闢象
乎二儀啓閉傚乎四氣而繁弱忘歸中微制大

則機實主之夫非獨戶有樞而矢有機也天下
萬事亦然不得根本則紛紜轇轕舉足以撓我
或病於周章無序理根本而不得其大根本則
吾心之精神憒亂不足以攝事變亦終於頹墮
莫衆故吾欲顚鼎鉉之司愼疑丞之託不必徇
耳任目而大根本在君心之藻鑑吾欲破胥緣
之黨芟桃李之叢不必防川塞缾而大根本在
君心之裁斷吾欲進保障之鸞鳳退繭絲之鷹
鷙不必烹阿封即墨而大根本在君心之慈仁

吾欲頭毋會箕毋斂愼公旬申勿亟不必蠲租
龍役而大根本在君心之節制吾欲推轂分閫
獨斷獨行先容不假於左右吾欲批鱗逆耳牽
裾補牘豐亨不獻於臣工不必釐姦剔蠹詐本
誇鼓而大根本在君心之毖飭由是引而伸之
殲椎埋之豎攘武斷之准其大根本不在縱横
鉏豪可知矣祛玉樹之思滌桑濮之淫其大根
本不在碎管折絃可知矣城無狐社無鼠龍無
綮雞無晨其大根本不在吹毛洗垢可知矣遂

無警邊無塵惜無股腓無腹其大根本不在長駕遠馭可知矣茅茨不剪采椽不斷燕趙不親金珠不邇其大根本不在焚雉碎珠可知矣吾意之彼故趨之吾契之彼故步之我輔震而人已囁嚅我腓動而人已趑趄我眸瞬左右盼而人已望睫而投矣譬彼培根厥葉自茂譬彼植本厥末自生由是鈞衡相制楷橛相持規盡其員矩盡其方大根本所發而越也由是有卑宮以賛夏無阿房以效秦寧脫簪以興宣無烈參繒

以類幽㬥無起於嘗黿功常收於食馬大根本所暢而茂也由是桑不內臃叢最不外神宮掖不閡於煬竈堂陛不隔於釜鬵龍陽無角觝之戲師優無半夜之啼鴻鴈復集於中澤黃鳥不嘆於他邦何莫非大根本之所醞而釀也是根本也養之則在於豫焉澄之淵涓蠖濩以清其氣不使有所外染以搖吾根本飭之青蒲丹陛以凝其神不使有所內侵以撥吾根本貞之久暫以濬其源不使有所間斷以斧斤吾根本夫然

府澄徹元良茂建功從祥風翔德與和氣
流業侔皇王名垂天壤非深根固本之明效大
驗哉雖然天下事有大根本矣而詎無其翼比
根本者造化尸之亭毒以鑪錘吹萬猶藉羲氏
推輪望舒繼晷飛廉噫氣豐隆奮擊而後歲功
成然則二三元老披肝而籌造膝而語可徒事
君之郛廓而不於根本地效款款悃悃哉故自
端其根本君道也輔君以端其根本相道也各
欲自盡者也

表

擬宋從御史吳中復請召還唐介知諫院

謝表　嘉祐三年

葉時元

同考試官教諭金　批　騈雅

同考試官學正翁　批　風華秀整

同考試官推官田　批　措詞精妙

考試官主事韓　批　簡古精深　入彀

考試官署員外郎王　批　典則騈麗

嘉祐三年某月某日臣介伏蒙
聖恩俯從御史臣吳中復疏請
召還臣介復知諫院職奉表稱
謝者伏以
聖主求言若渴長思補袞之臣
明王從諫如流因重
賜環之詔片言干紀宜放逐以終身
大度宏慈迺
召還於舊秩幸逾始望

恩出更生臣 介誠惶誠恐稽首頓首竊惟古者
聖不自聖頻開骨鯁之途王人休以勿休
時切箴銘之警蒭蕘工瞽虞帝所以發神
聰鍾磬鼓鞀夏王因而昭明德何古今之
異代遂開塞之殊途殷侑八十四通竟長
黜而不返元成三百餘奏嘆遇合之惟艱
憶仙臺徒嘉仲郢之弼直被香殿空羡世
長之忠貞時人爭畏其筆端誰問崔鴻之
虎天下想望其風采孰誇任昉之龍劾陳

之邪怒其傷體論延齡之佞備以知名
蔽罟思忠何如置華於左右緝檻褒直孰
若列雲於公卿放跡江湘致託譏於漁父
竄身遼海嗟獨弔於舟人是以觸邪之神
羊無登於殿陛指佞之屈軼不產於台階
上無納諫之風下乏敢言之氣茲蓋伏遇
○○○○
至仁天覆
大度海涵

鼓元氣以雷域中
騰百川而雨天下
明超物表辨指鹿之權姦
講坐夜分惜燒羊之小費腹心大老有口不以
私言手足微臣開目詎容他視頃者臣介
狂瞽批鱗輕浮借劍雖膏以斧鉞何虧
容蓋之寬郎錮之幽遐亦合創懲之典猶復
霽顏受諫首嘉御史之忠
虛己從言還知諫院之任收其晚節決以

皇恩

温語傳來喜溢章縫之會

寵章到處煖生寒谷之涯

鑾禁星沉再見皁囊之凝露

螭頭日永重看白簡之飛霜感

帝澤之無垠轉愧如山之義慶陽春之有脚幸

存似葉之身但以言謫而復言官更憂忝

路况因直名而求直道恥獵虛聲臣 介 敢

不益勵朴忠勉持骾節補闕

宗社不因咎小哉詞憂係
廟廊寧以幾微杜口苟可補苴塞漏非貪有犯之名卽令殭項犖確敢謂匪躬之故斯仰
酬於
高厚庶少效於涓涘伊願益廣
聖慈
懋昭
大德言雖逆耳靳溲涬之兼收義取格心冀參苓之並采臣介無任瞻

天仰
聖激切屛營之至謹奉
表稱
謝以
聞
第叄場
策
第一問
洪良範

同考試官教諭金　批　該博宏邃忠愛藹然

同考試官學正翁　批　闡揚獻納宏暢精核宜錄之以爲論表箴

同考試官推官田　批　尊陽之論深見忠懇不但文字之工

考試官主事韓　批　所陳人君法天陰陽類應諸要指款款明悉而終其說於正心之論既附在足以觀忠蓋大都矣

考試官署員外郎王　批　以法天尊陽揚推

主上崇明之盛足見忠蓋此必端儒也取魁多士

帝王以一身宰六合綰羣靈四方恃安四

夷侍守所以成郅隆之理亦昌明之運者曷嘗不兢兢哉而其要在羣輔其本在一心夫帝王之學與韋布不同故主好要則百事詳日月久照不改其明星辰久旋不改其度聖人久於學不改其功是謂知本千金之裘非一狐之腋大廈之材非一丘之木太平之功非一人之略是謂知要君德清明陰陽時和風雨時若天不能爲之災地不能爲之貧上下交泰羣生時協四

夷時實內不能爲之訌外不能爲之警古
聖帝明王用是道也故曰正其心以正朝
廷正朝廷以正百官正百官以正萬民而
又日出而視朝日中而考政日夕而糾虔
何也美玉不琢則含日之氣弗生寶鑑不
拭則應宿之輝不發人君不學則光天之
德不耀繁弱鉅黍古之良弓也不得排檠
不能自正鉅闕辟閭古之良劍也不加砥
礪不能自利驊騮綠離古之良馬也不加

銜鬱不能自遠堯舜禹湯文武古之聖帝明王也不加兢業不能自聖故上有明達之君斯下有觀聽之臣觀聽之臣不明於下則閉塞之譏反歸於上閉塞之譏歸於上則忠賢之士棄於野古者堯之克明而被四表之化文之緝熙而洽邦家之光聖學聖政蓋相須也夫持天地之政操四海之綱周旋不可以失度動作不可以離道謬誤在一室之內亂應作萬里之外天災

流行兵銑緐興非天之所爲人君自取之
也蝮虫隨氣而生虹蜺因政而見隨變而
知思緣類而知警明王知辟之修也故英
哲之主不託於婦人不窺於近伺不侈於
盛滿嚮离而爲治出震而作功耀蟬而制
夷衢室總章盤銘户牖大寶之稽丹扆之
咏凡係箴辭俱從規鑒如漢光武之數引
公卿郎將講論夜分唐太宗之置弘文館
更日入直宋仁宗之開天章閣召問輔臣

條對三代以還良亦爛然哉我
太祖高皇帝應天啓運視巳若無
文皇
列聖繼統承休求政如渴或
論治
便殿或
籌邊
武樓或
講身

華蓋殿
議禮
東閣
燕閒
召對具錄
宸謨
存心省躬猶先本要是以仁風翔洽禎祥疊臻
洋洋纚纚未可殫述也我
上初年

敬天勤民專精上理憫農憂旱步禱

郊壇

聽講

視朝遠媲三五當其時臥赤子於天下之上匈

奴內款北外諸侯年豐時和府庫殷足不

亦熙熙然盛哉何邇年以來

聖澤覃矣而中原有失所之民山東河南齧草

茹木

帑藏已發杼柚尚空

神武奮矣東西有跳梁之警朝鮮寧夏沉鏃沒
矢金餉屢增腥羶猶甚此何故哉夫氣機
之感召物類之相應玄妙深微知不能論
辯不能解人事起於下天道應於上利害
之路禍福之門明王察焉夫人君之於天
下猶日也宰相北斗也百官羣黎衆星也
天下之大億兆人之廣四海九州四夷八
蠻之衆遠者耳風聲近者目典刑孰不願
希

日月之未光而
皇上日者
恭默靜攝
朝講稍衍愆即法天之無言而
皇上深處宮中終不令以咳唾振之耶且令天
下有見天不見日之疑矣以燕閒爲適意
以高枕爲得體以簡出爲崇要以朝會爲
故事
皇上英明挺特必不樂此而天下未必盡量

皇上之心咨咀囁嚅頞慷慨上書扣閽而談之

者愚不知幾何人矣愚生過計妄謂天道

左陽而右陰故陽盛則萬物長養發舒而

成春夏陰盛則萬物隕落閉藏而成秋冬

故王者獨陽而治奉若於天令陰不得勝

陽也陽之類爲景星爲卿雲爲和風澍雨

爲賢士大夫爲正人君子陰之類爲孛爲

彗爲妖風爲厲鬼爲寺爲便爲婦人爲夷

狄故曰氣機感召各以類應也山雲草莽

旱雲烟火水雲魚鱗兵雲欃槍今之水旱
兵革無乃陰盛之象而二三諸臣諤諤然
憂之以
御朝
視講爲請也其亦揭海日而行天之意乎
朝講復君臣交君臣交地天泰地天泰賢人
庸賢人庸小人退君德清明和氣充積符
瑞類徵如是而饑饉復至盜賊復起未之
有也此之謂要道雖然正心猶急焉管子

曰心之在人君位也故人君之心天下之本而人君不可頃刻有忘天下之心今之言正心者類曰非寧靜無以致遠非淡泊無以明德尸居而龍見淵默而雷聲養之淵涓蠖濩之中澄之夜氣清明之際質之眉睫影響之間嗚呼此聖人之學也而亦非今

上之所少也

上之所少或居之太靜或守之太默視無形或

不以天下之目視聽無聲或不以天下之
耳聽慮無始或不以天下之心慮吾於是
有味於董子之言乎正其心以正朝廷朝
廷之上一日二日有萬幾焉日與大臣羣
臣圖維化理日昃不暇何暇及它是以朝
廷正其心也正朝廷以正百官忠佞殊情
巧拙殊狀疑似殊等稍一失之不啻揭白
而幕之紫也而曰汝無面從有後言是以
百官正其心也正百官以正萬民流離之

狀愁苦之聲耳目未及周天光未及照而
曰一夫不被時予之辜是以萬民正其心
也人君以天下之心爲心天下亦以人君
爲心則其治之至也猶日月之明四時之
序星辰之行也内恬外熙祥臻瑞至四夷
何足治三王何足追哉此又執事所謂格
心之論而端本澄源之要也敢以是爲
獻

第二問

王象晉

同考試官教諭胡 批 錯綜古籍(?)[illegible]盡嚴(?)可有用之學

同考試官教諭劉 批 論議正大[illegible]詳

國之從(?)此盡一

同考試官縣丞朱 批 [illegible]

[illegible]撥[illegible]偉[illegible]上也

同考試官推官劉 批 擘畫謀斷卓有偉識即此可覘經濟

之學

考試官主事韓 批 士自抉孤憤互持其是非意欲以啓

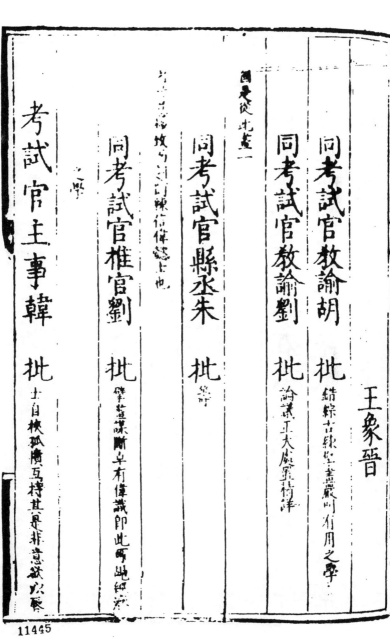

勿斷

君乃是非之柄自

[illegible]之則定自下握之則淆于持議聚訟懸而卒歸之一權得要領矣

考試官署員外郎王　批　精論正大博綜精詳本以[illegible]

國體

國是何嘗一日不在天下哉國是懸於斷

斷咨於謀謀生於議議者其人臣之心乎

顧有所挾則爭有所爭則晦爭則君子之

氣激而薄晦則君子之術窒而窮何以故
君臣上下大小不相通也人之一身百體
九竅該矣貴賤相治大小相使而有眞君
存焉眞君不存則神明無所主脉絡血氣
無所屬其發言也必好勝亂而是非無決
五官百體無所從令朝廷之上亦猶是也
人君之心四方根本君之心不通於相相
之心不通於大小百執事則多門多門多
知多知多辯辯之不已則持持持則爭矣善

者不辨辨者不善不善而堅堅而後激激
則相刃相靡莫之已矣夫百執事無所明
於大臣大臣不尊大臣無所明於相相不
尊相無所明於主上主上不尊蓋無所明
始有所恃有所恃始爭下爭而上不尊矣
於是國是晦而政旁落君子窮君子窮小
人益陰恃其似而陽竊其名語曰駑驥同
轅伯樂咨嗟玉石相揉和氏嘆息故賢愚
共貫正士匿謀眞僞相錯賢人結舌王仲

淹曰人臣之心盡而言可省也良有意乎
自古熙盛之朝元氣渾噩元首股肱𢘆爲
一體都俞吁咈相共一堂衢室之訪總章
之求明哉良哉是以君子論世必稱唐虞
二代而傷東漢之末季也漢季陳竇諸賢
豈不衰然振高風於物表足維世道之衰
而東京之氣亦自數君子薄矣我
朝之盛醲化醇流
祖宗以來醞釀深厚

高皇帝開天治人
君臣交泰
廟筭
宸謀獨烈古今求宣之盛楊黃蹇夏內贊外襄
疇咨炳茂卽景泰諸臣類有得失而章恭
毅之烈余忠肅之功當其獨斷不亦光昭
日月乎天順以來秉正懸公大姦距脫弘
治中賜茶議政劉謝李徐賡歌喜起比隆
成康

肅廟之初聖作物覩議禮諸臣鵲起一時其初
亦若聚訟刺戾不相入也已而文忠之議
一定羣疑之剖若符至鴻鑠哉應龍升而
景雲翔雕虎嘯而清風起抱弘秉鉅鬱爲
時珍憂盛危明以共亮鴻業翊贊景炎者
世未嘗乏才也顧上有鹿鳴之好士笙簧
交應斯下有龍蛇之眞才魚水相忘蓋上
下交而後言可合庶尹可諧也夫工倕之
制五材也必調其鑿枘師曠之諧五音也

必調其宮商聖王之世居者與負戴同憂而不忌旁議與嘗為同理而不疑獨能之士與衆同務而不恥出羣之材與衆同巧而不矜絶勇之士與衆同敵而不伐何者調之者有道也彼所謂調之者易哉甘者酸之淡者鹹之彼濟其甘我守其甘是之謂同同安謂之朋故君子不以同破和不以諛破義不以佚破行不以羡慕破德豐蔀失晝湯滋失小事存與渫耳目有不及

棧幾涉隱伏知慮有不及周人主之心圓
不徑寸神明舍焉事物交滑如理亂棼如
涉驚浸而今上下壅塞不交國之大危也
彼忠臣之所以正其君也必中其心而後
効賢相之所以正其君也必調其心而後
得何也人主之稱莫大於明人臣之譽莫
美於忠二德者君臣之所共願也明不繼
踵忠不萬一者非愚闇而惡名揚也調之
非道而主權失也語曰明據下起忠依上

盧二人同心其利斷金斯言味哉可論令
日今之言者紛紛矣今之言言者亦紛紛
矣言者辨辨者爭言者一是非言者又
一是非言者一非是言言者又一非是甲
可而乙否頃以可否爭始合而終異頃以
同異爭彼果有是非乎哉有非是乎哉有
可否同異乎哉昔司馬光有云謀主多斷
主獨蓋有激而言之也今見以爲謀而所
謀非所事所事非所謀即毫無自爲而視

之相濟相調者遠矣見以爲斷而所斷非
所議所議非所斷卽毫無先主而視之如
鑑如衡者遠矣此何故好名之意重而持
勝之氣堅也夫異同可否是非皆人心生
也無異同而以意氣爲異同異同生之矣
無可否而以異同爲可否可否生之矣無
是非非是而以異同可否爲是非非是是
非非是生之矣是非不已爲毀譽毀譽不
已爲刑賞刑賞者帝王之大權也權一而

後上下之勢不亂操其刑賞以御天下帝王之大斷也斷而後上下不欺是故明王原人心爲刑賞而刑賞不生於人心以刑賞正人心而不以人心爲刑賞以人心爲刑賞是以人情之私日訟於下帝王之權不尊於上帝王之權不尊則必移之大臣舍大臣無所移則又旁落而潛移之矣政潛移則君臣不交而君之心不通於大臣君之心不通於大臣則大臣之心將憧憧

若涉大川遭風而未薄也必不通於百執
事於是受令者疑修義者惑上下大小有
疑惑猶豫之心則百姓與之間君子不能
自理於亂世若縞素不能自分於黑白於
是上下相希希而不已則議議而不已則
謗是君子小人之迹溷溷則先合而後忤
初乘馬終歃血矣故曰君子之道窮窮於
小人也然則將揭表而令之止哉夫調五
音者不正六律不調也調五材者不正規

矩不調也為人君者明其官上之道辨姦
親賢明賞飭罰與大臣為一體明君也為
人臣者修其官中之事繩愆納忠登乂黜
枉與主上為一德忠臣也是為一權一權
者人君之規矩六律也忠臣之調其君舍
此無調也權一而上下之勢始聯絡而情
款便不能食其意佞不能窺其藩巧不能
侵其官上不能釋法而行私下不能援公
而為私天子有善讓德於天大臣有善讓

德於天子百執事有善讓德於大臣君臣
上下大小皆讓人無是非可否異同之心
則又安所從而爭之也是非不爭明制飭
法天下莫能爭民守其業士守其教大夫
百執事守其官如雷震乎天風薄乎山雲
徂乎方雨流乎淵各司其令而不相犯如
目之視耳之聽鼻之臭手之指足之行各
司其官而不相侵此不言之教不行之治
神明之極也君臣上下元氣渾渾内外遠

涌上汶厖鴻此遵何道哉我

皇上聰明淵懿趾美虞周而又求言若渴從諫

若流

列聖以來眞稱

英主邇以

恭默靜攝

朝講稍愆遂致

大本未端人心未量幣帛在虜庭和戰爲首鼠

搆爭在

廊廟議論爲戈戟人小羣臣仰明於
日月而卒不能希其末光襲威於
雷霆而卒不能振其逸響妄謂
留中之疏不下則
大柄若有所持銓曹之
旨屢更則人心不無所異其爭之也不過以疑
懼之心爲無所忌諱之事也夫人情日接
則親日隔則疎愈隔愈疎愈疎愈疑吾知
其必不明矣無所明益爭以爭益爭又以

爭止爭是猶揚火而使無焚也撓水而欲
求其清也國是安問哉善救國者勿撓之
而已勿撓之所以調之也調之所以斷之
也調與斷異行而同情以調爲斷斯善斷
矣百執事調大臣則大臣之心與百執事
通大臣調
主上則
主上之心與大臣通通而後不疑不疑而後親
親而後信信而後一權之說可中於

主上之心矣夫

主權國之的也持其的而射之安有不中之理

哉如是而謀如是而斷孰尚焉是在主議

者亟圖之可也

第三問　　王雅量

同考試官教諭鄭　批　條對精詳議論痛切足為諫者法矣

同考試官教諭楊　批　博練古核忠盡之心藹然楷上

同考試官推官楊　批　敷對詳明條答詳核藹然忠悃見矣

詞矣

考試官主事韓　批　古今論諫率左袒折檻牽裾子之說大都皆貫術可謂能馳域外之見乃折檻牽裾之義亦何可少也

考試官署員外郎王　批　發揮言路通塞言言中窾可稱識時務俊傑也

天下身也言路脉理也脉理通而後身安言路通而後國治蓋嘗觀古今之一升一降皆係於言路之一通一塞大抵當草昧之初事未盡舉民未盡安法未盡平於時

上之求治也急而其用人也切其言激切
而愈足以明忠故言路通通之不已則事
已盡舉民已盡安法已盡平上之求治也
緩而其用人也慢其言激切而適足以見
疑故言路塞塞之不已而天下之治日已
廢弛又當人心蓄極而不能通之時則向
之以言去者又復召用而言路又復通彼
天下見上所用皆舊所言事之人或尊用
過其故官於是曉然知上意所在而言事

者爭爲激切而上不能忍又復斥逐而言
路又復塞其通也塞也若循環然其有通
則有塞以伏之有塞則有通以伏之若特
幾然此言路通塞之大略也蓋從古而然
其來久矣今執事以開之門救之策下詢
書生乃愚則竊有感於古也古者唐虞三
代之盛君臣道合其相倚也若元首股肱
相爲一體其相親也如家人父子相爲一
堂故當其時有吁咈之詞無諫官之名諫

之名自不諫而得也諫之官自不諫而設
也故舜之責禹也曰予違汝弼爾無面從
益之告舜曰儆戒無虞罔失法度周官師
氏以媺詔王保氏掌諫王惡而又矇瞽以
詩矇瞽諫也太史以史太史諫也庶人以
謗庶人諫也商旅以議商旅諫也膳夫揚
觶虞人斷呂膳夫虞人諫也自諫議大夫
之名起於漢補闕拾遺之名起於唐司諫
正言之名起於宋而後四海利病廟廊得

失皆萃於一人而諫官之職於是而始專
諫官雖卑得以隨宰相上殿與宰相等而
諫官之權於是而始重夫員品定則風旨
得以先授眞節之士未必兼收職守專則
意見各有所持敢言之人未必在任此唐
介之孤忠再入而後不傷爲彥博之公石
介之剛直不徵則猶不免爲仲淹之失胡
致堂深言諫官不必專設一職有意乎言
哉夫官師相規上下相成紀綱正朝廷尊

聖王之利也揣摩意旨上下比周事權失
朝廷不尊衆人之資也貴名輕實世之謂
高而託之退爲進則言爲豫席噪佻反覆
世之謂知而託之辨爲讓則言爲狐蠱擊
斷無諱世之謂犯而託之攖爲俠則言爲
蒼鷹盧逡交逐世之謂疾而託之勝爲功
則言爲走狗之數者皆先爲人而後自爲
者也皆陽爲名高而陰爲弔詭者也故曰
衆人之資也此諫者之難其人也堂陛森

嚴咫尺迴別忌諱難犯肺腑難通直言伉辭甘心按劒旁論曲指滅迹批鱗投鼠之忌齒馬之嫌宋人鄰父之疑闕胡伐國之戮皆人情之所甚畏也言事之臣又多才不足以濟忠節不足以定難知不足以馭變文不足以達情博不足以明事折角之烈碎戟之義止輦之節牽裾折檻之忠皆人情之所甚難也此諫者之難其言也難其人則脂韋之夫多得以依附取容難其

言則梯媒之術多得以短長為利昔樊噲
以排闥而破佞倖之歡孫伏伽以上表而
易驕諂之轍陸贄以答問而通上下之意
李沆以引燭而絕美人之封寇準以旱蝗
而納平刑之疏彼其事皆當於當世之務
其言皆足以明人臣之忠雖未可即擬於
古聖哲之林而三代以下如此亦稀有矣
何以故諫者衆故言臣之忠迺見諫職專
故忠臣之名迺貴也而通塞之故亦可想

已我
朝熙盛比隆往古
祖宗以來或君臣同遊或明良交儆其美不可
殫述
皇上初年開不諱之門信必然之晝斥邪去檀
聽諫如流中外欣躍號稱
神明矣當時言路大關人臣有所攖拂無所顧
忌我
皇上亦鋭意上理親賢遠壬懿爍文武仁風翔

於海表靈爽行於鬼區而言者亦自爲有
功下亦千載一時哉頃諸臣不量
皇上之心各貌其名而持其意氣以索之茫昧
不可信之事又多暴露急迫爲不可解之
勢而
皇上之心始稍爲隔越而東溟薪之說進矣言
臣遂多擯去而言路一時爲之少塞大臣
迺得操
天子之柄以

11473

朝廷爲叢博矣木之繁柭其枝是將傷心嗚
呼此易所謂剝復之交乎已而藉
十廟之靈言者又力排其君側之惡內發其姦
外斷其郄屛而其黨孤
朝廷賴以無事
皇上迺軫念舊臣不沒其前烈多
召還之而過其原官言路於是乎又闢然諸臣
亦多自爲名而風飈電激飈飛影附之不
可勝數而亦罔功則疏闊之說進矣言路

於是又大塞頊爲搠鈍摩鈆之說者則甘
効一擊之力而去之以收後日之名蓋若
古人却慎夫人之坐剖安金藏之心者其
人哉而
天子若大有所刺戾十年來故多
恭默靜攝上下不交諸臣矯偏之過借名之似
又皆自要天幸娓娓不已於是門戶各立
腰股兩病戈戟互搏首鼠交持詘爭無已
將令

王權漸旁落矣言之者莫不流涕賈生之痛哭
伯之遭蓋時之至事之極也執事之問真
深慮哉王文恪有云通之者所以塞之也
何也言者蔓也蔓則欺欺則不信不信則
上下不交上下不交安問通塞且不敢復
言事矣姑論其兩端人君所最忌者大臣
之專權今大臣之專未露也而動詆之曰
專令人君持是心不復信大臣大臣懷是
懼不敢復言事矣人君之最忌者羣臣之

結黨今臣下之黨與未成也而動詆之曰黨令人君持是心不復信小臣小臣懷是懼不敢復言事矣此皆言臣之過也夫言者自有術也名定而實辨道合而志通蘇子之為言曰龍逢比干有心而無術蘇秦張儀有術而無心故忠臣之正其君必格其心而後君可正也忠臣之格其君必中其心而後言可行也此謂忠之術也今言臣雖忠而不中於主上之心其術疎矣上

有所畏而思掩無務明暴之明暴之恐其
無所畏也上有所短而思諱無務顯揚之
顯揚之恐其無所諱也事關大綱何嫌累
牘若其細者何必交口而深言事係隱憂
何嫌苦口若其微者何煩慟哭而流涕本
緩圖也無要其必聽而飾之以爲急吾以
緩者爲急恐有急者而且疑其緩也本小
利也無要其必從而飾之以爲大吾以小
者爲大恐有大者而且疑其小也傳其信

辭勿傳其蔓言使上聽吾言而不忌其言
吾亦得常進其言而不嫌於言庶幾一開
而常開乎何也吾之術已有以中其心也
昔孔子論諫而惟從其諷然則吾之所謂
傳其信辭者卽諷諫之微意哉雖然吾所
謂術非游說之術也言者人臣之心心盡
死可無憾矣何術之有

第四問

張如皋

同考試官教諭胡　批　吏治民情擘畫洞切去貪[illegible]

至言

同考試官教諭劉　批　利弊之源發之剴切非目擊[illegible]

心民瘼治不能道

同考試官縣丞朱　批　政議牧民足爲卿會範

同考試官推官劉　批　救荒不如備荒備荒責在守令于[illegible]

之懇切精到可式

考試官主事韓　批　談民困吏弊甚悲惋讀之是盡指[illegible]

至哀救荒諸所宜行卻老吏驚心卻步三舍矣末章去貪用廉則又救[illegible]

第一良制經世之業十露其七八矣

考試官署員外郎王　批　條悉吏治愴然深情垂罰去貪尤今

月持要之論

嘗稽之傳曰六合元元之命懸於守令甚矣其重也既讀史遷循吏傳若宰單父中年又何循循無他奇而西門豹董安于者豈不矯矯然稱能哉皆不與則未嘗不嘆遷之識治體矣夫人有三本曰父曰君曰親王之天民民之天令詩曰豈弟君子民

之父母蓋言守令民之本也民情無一不通於令說豫娩澤憂戚瘁惡通之顏色歌謠謸唉哭泣諦號通之聲音芻豢稻粱菽灌酒醴通之飲食絺綌麤衰菲蕙菅履通之衣服疏房檖額越席牀第通之居室之數者人情大端也罔不通於令故令必豈弟而後親揣摩之宣豐之而又燠休呴沫之而後民之疾痛哀苦不至隕越令遂其生懽樂恬愉不至流淫令節其性父生之

不能養母食之不能教而兼之者令故曰
乳母飲食之也慈母衣被之也君曲被之
也守令是已夫言令孰大捍民之災古之
善治者天不能爲之災天豈無災計之者
豫也放勳之世懷山襄陵民無捐瘠天乙
之時流金鑠石而民有老死遐哉邈乎不
可尚已三代之隆莫大成周周禮田野縣
鄙垣茆倉廩時和年豐時兢兢焉以保息
六養萬民以本裕六安萬民以九式均財

節用以其恃之於常非獨爲荒儲也是謂常計天災流行國家代有洊先爲儲胥以待不虞又先歲而察其饑饉以爲戒則有遺人掌縣鄙之委積廩人掌九穀之數以待年內以其貽之於未然非待荒乃警也故曰先計當其歲之不登人食不二則捐國之蓄藏而賑之縮公私浮費而嚴其限故雖饑饉存臻而無所捐損以其備之於已然是謂卒計常計百年萬不一先計十

年千不一卒計五年百不一自朝廷賑之
難自縣邑賑之易則莫如耿氏之常平常
平酌穀之貴賤爲價之增減糶糴相濟以
利民酌饑之大小取斂之豐歉低昂兩便
以利民自公家賑之難令民自相賑易則
莫如朱子之社倉社倉計富之上下隨粟
之多寡民自握其盈虛量歲之豐凶爲數
之出入官不問其權蓋此皆所謂豫之之
道也而猶有先王之遺焉其他若范文正

之在杭州活數萬人則以官之祿富鄭公之守青州活數千百人則以民之粟汲長孺開倉之權蘇子瞻遲慢之論越南湖廿之勸賑曾鞏司馬光之建議是皆有得於濟變之術郎桂薪玉粒尚可無虞官予曰凡牧民者以其所積者食之不可不審也其積多者其食多其積寡者其食寡無積不食矣無豫不積矣輓近世槩不講此卽有豫備廣積之名而無體國愛民之實

剋追捕之苦於富室虛領實陪之禍慘
於苞苴甚者未荒而先散荒甚而告空內
刁難於積胥外乾沒於橫里文移經月覆
審經旬近里稍舒窮鄉望絕強梁倍領老
弱屢空是故緩急民所時有也非所望於
官也何也古之吏媚民今之吏媚上古之
吏謀民今之吏謀身孔子曰良吏不求獲
上而求媚於民謀身謀民媚上媚下工拙
緩急不兩立也連城百里剖竹綰綬詎不

貴倨哉顧所治者民則不得不求安於民
所事者上又不得不求合於上治民而民
即不治令猶故也事上而不得上則其勢
將不能保其爲令於是爲民之心不得不
薄爲上之心不得不厚夫爲民之心以爲
上之心旣分之而薄矣而又益之以自爲
自爲之心與爲上之心交戰於胷中則爲
民之心亡矣爲民之心亡是以多術多術
多態姑息託仁恕闒茸託長厚刻薄託靈

爽奔走託通方其庸庸者又多舞文巠魁
猾爲弊孔以急爲緩緩以爲德以緩爲急
急以爲威緣隙而甘入令無所檢察倚形
而峻施令無所覆覈其旁落之狀不可殫
述而民剝牀以膚矣其炎炎者民若觀雷
而視火民折脅拉骼翕肩蹈背而不免於
忍八口之殃擢饑虎之喙而不知死也其
事上也則以彌縫爲薦席以脂韋爲媒梯
以窺伺爲營壘其揣摩甚周其迎合甚巧

如是者幾天下之半桑土之晝果可冀乎
民天幸無災不幸有災則且以災爲之資
矣何以故浚之下不得則剝之上勢必然
也嗚呼民之爲生也一人蹠耒而耕不過
十畝中田之獲卒歲之收不過四石妻子
老弱待哺嗷嗷且不自給安問上供而况
有沴旱饑勞之殃乎即論今日河南山東
之災民齧草木之皮茹禽獸之血易子而
食剔尸而爨至慘矣大司農金錢請自

內帑出自

曠恩至浩盪矣愚固不敢盡謂吏皆貪民皆不

受其福而監司發之守守發之令豈無一

守一令之私哉令發之里里發之都都發

之户豈無一里一户之私哉纔五發而耗

其半而又墨以爲明狐以爲蒼一以爲二

二以爲三饑者未必給給者未必饑無惑

乎民敷敷亨子爨骨麥登而後已也昔人

有云太山窮谷豫章生之苟決剔之樀樵

之不中於程度則傷天地之和而有虎狼蛟鼉虺蜴之患雷霆崩隳壓之虞況以億兆人之命而干

天子之靈乎語曰大寒既至民煥是利大熱在上民清是走民無常處饑必轉徙蓋畏死欲生人情也而貪吏又從而驅之生不見可欲死而見迫不爲亂不已矣及其亂也始紛紛焉咨咀於衆醴言婦仁賈惠而實何有藉令以口吻籌之無及已溺者不問

墜迷者不問路溺而後問墜迷而後問路譬之臨難而鑄兵也噎而遽掘井也夫大難之後貴在安民安民易治勞民難治也民動則勞民靜則安民安則安鄉重家安鄉重家而與之更始順風而呼之也民不安則危鄉輕家危鄉輕家而與之謀安則不信而訕其上已安民之計莫如用廉用廉莫如去貪去貪莫如重法地之生財有數民之用力有倦而貪吏之欲無厭以有

數有倦養無厭之吏而法不行於其間上
下相疾而廉吏不爲用也何也賞罰輕也
罰輕故貪吏得以行其私政於民罰重則
軒冕不下擬而斧鉞不上因故能盡賢於
人也而廉吏始爲用夫貪吏似廉廉吏不
貪廉吏必循循吏必廉吾兢治東土者得
數人焉寬仁恭愛民不忍欺吾得卓茂發
布粟賑民懷義忘罪當仁不讓吾得王里
勞來循行使民賣刀劍買牛犢吾得龔遂

發賑未嘗須報行部至邑惟以糲飯進吾
得馬忠躬詣田野教民樹藝九年無倦吾
得任經此皆今之所謂迂闊而古之所稱
廉吏者也皆今之所謂無赫赫之名無焯
絶之譽而古之所稱奉職循理者也知辨
之所短樸茂之所長察察者有所不及見
恢恢者何所不容卧赤子於高枕之上辨
之不可不早辨已古今人材豈甚相遠牛
驥不同轅忠姦不並立貪不去廉不肅善

乎陸贄之言曰鞭韡不已必及金玉旨哉
嚴乎而重貪之罰其輕者莫如司馬光之
請廉災地有司之不稱職者易之其重者
則又莫如我
太祖高皇帝初制盡籍貪官家產餉之邊此深
得救時之權也昔子產以水火喻寬猛賈
誼以芒刃斧斤喻德法崔駰以粱肉藥石
喻寬嚴皆有味乎其言哉法嚴使人不敢
犯也三代之法變衣服其君放流變衣服

細故也放流大罪也商周用之聖人之意
可想已雖然朝廷天下根本公孤廉則朝
廷肅部大夫廉則政事義監司廉則庶官
畏此亦風草之勢惟在當事者操之勿爲
虛名古人有言賑荒莫如銷荒蓋以朝廷
之上理亂之原其爲力甚大也而其大根
大本又在
主上漢文帝下蠲租賑恤之詔循良彬彬興起
而國家殷實乃百年其効也記曰歲凶君

膳不祭肺馬不食穀馳道不除禮樂宜損
矣又多嘉事焉非有異故怨曠之積用傷
太和周先王亶父寔修此爲岐山之本唐
文帝出掖庭三千人而霖雨如澍又此其
明効也周禮之意惟在節財上節而下不
敢爲奢奢貪生於不足不足生於奢去奢又
去貪之本哉則在
明天子加之意焉

第五問

吳允中

同考試官教諭胡　批　淵源周禮博綜管商言且精覈然而實

同考試官教諭劉　批　語通塞之孔詳悉至擘畫處尤精確

傾卒歸之明農其經世之學也

同考試官縣丞朱　批　宏詞卓識綜理盈縮中窾

主計者當執之爲左劵

同考試官推官劉　批　耗財之弊裕財之要獨子得之

考試官主事韓　批　痛哭太息指耗蠹故挾忠憤大類洛

陽生其要指歸節用歸重農歸去邪官則獨窮本原即管計劉晏不能窺

[illegible][illegible]何論弘羊矣

考試官署員外郎王　批　緣古證今規畫井井而理財歸之明表自是經國至論書生留心世務者有用之學也

執事終策以理財之術下詢儒生有意乎言之也今

國家需財至亟矣特籌而議者不越兩端曰生之曰節之議生之臣什七議節之臣什三非不勝也生之者貪其名而闇其成上不明天之分中不知地之數下不知物之

徵是提空談獵虛稱也節之者怯於諱而
束於力其知亦然知牛蹏之涔不知尺丈
之鯉知塊阜之山不知直尋之木是又嘗
守狹小而乏通方之識也如是而欲其以
危爲安以害爲利以禍爲福吾知其必不
能矣夫與其議出莫如議入與其議生莫
如議節量出卽所以爲入而節之迺所以
生之也先王之教莫如周禮周官一書理
財半之而九式以制出九賦以制入非備

官也要之審時察用斂費均節上不病國
下不病民是以國富於民其治郅隆其次
管氏管氏之法牧民山高諸說具在彼所
謂錯國於不傾之地積於不涸之倉藏於
不竭之府下令於流水之源而其要歸不
外富民富民者因天地之分量民之力而
務五穀養桑麻育六畜𧹞𧹞焉其設輕重
九府其大要也猶有周官之遺焉其次計
然計然之術知物是已夫財非從天來非

從地出即明王之脩不過禁溢利節漏費
溢利禁則民反本漏費節則民給用是以
先王之世生無乏資死無轉尸夫陰陽不
竝曜天地不兩盈利之彼必耗之此此古
今之定衡也輓近世富國之臣一一求之
民矣此與反裘負薪不知其皮盡也何以
異昔者漢文之世節儉躬行且無榷筭之
臣下無榷估之利而匈奴驕天災頻又非
晏然無事者何其家給人足至於粟腐貫

朽國用殷實而上下恬熙比於成周至桑
孔之徒出始籠天下鹽鐵歸之大司農大
司農有奇羨然百姓空乏之大非先世時事
矣劉晏堤十五道賦而度支不乏之差有益
於國而無害於民今我
國家之制歲括東南財賦郡國長吏上之大
司農告成焉大略與晏似而歲有常賦賦
有常額外物不盡內流而
內帑亦不至外漏成弘之初民稱富饒有文

景之風焉葢或有所本始哉頃者太古之
樸散眞純之氣漓文繁而質衰末盛而本
竭鹽政酒榷鈔關稅課紛紛矣慶曆以來
上下好議士大夫多鄙而官邪荊揚大賈
相錯西北有游惰之農中原多不墾之草
而四方大貧且百官不相稽邪臣日爲私
利於民而民不亂不已也何也民逐末不
樸不樸不力本不力本而又驅之亂勢也
而四夷且從之矣四夷從之而賦日逋賦

日逋而財不得不澀財澀不支始胥越其
常賦又不得不求之民無何
國家又有大故而計愈詳計愈詳而取愈煩
取愈煩用愈匱而行愈窒矣姑論之其可
爲痛哭者二議節之臣不忍言也其可爲
太息者三議節之臣不敢言也今天下內
訌外攻元元愁苦二百年來莫此爲甚關
白一呼朝鮮之役浚膏劃脂何啻百萬而
收之寬奠失之平壤得之平壤失之王京

鴨綠以東卽有横草之聲不勝剝牀之實已而把兎抄花乘虛內搶犯長勇犯大定又犯杏山犯十三山驛遼左廣寧紛紛何已內貢之議幸而不成成則黃酋之往轍已是爲漏巵河海付之不實也此可爲痛哭者一黃酋父子相養二十餘年議市之初輸將之費不無歲省今且金帛我婦女我器御我服飾狗馬我彼部落日煩我歲市日增彼强大之形日見我積弱之勢日

成一鎮得之諸鎮失之諸鎮得之諸部落
又失之如此娓娓將安巳乎是爲沃焦渤
澥付之不還也此可爲痛哭者二東有不
可卽巳之戰西有不可卽罷之市而又有
不可卽省之財彼爲漏巵將與之爲漏巵
乎彼爲沃焦將與之爲沃焦乎夫中國之
財不在官則在民楚人亡弓猶楚人得之
也而悉付之虜市一去不返歲將何支彼
且以餌待我矣故曰議節之臣不忍言也

虜庭之幣帛方勤
大內之帑金復請河南之哀鴻未集山東之杼
柚已空猶冀
朝廷之中
輦轂之下官不淫於冗員祿不浮於冗費有
以會羣之言進者廉取以足用不如節用
以廉取有以蘇軾之言進者管子曰姦邪
所生生於匱不足匱不足生於侈侈生於
無度度者上之所令下之所信也且言其

狀一曰
內供周官冢宰三府供王玩好賜予漢制鹽
鐵禁錢分屬郡國司農給宮中故內廷盈
虛大臣皆得議樽節今
天府歲供蓋百餘萬矣而一切皆領以中官內
光祿人所稱陸海是也其出內所縱寧谿
壑哉近者李增日加
祖宗舊額日浮又且取給太倉寖淫淫殫耗相
半矣而臺諫不敢問盈縮司農不敢問多

寡其故謂何則其蠹不可不剔也一曰
宗祿成周監二代立爵五等封同姓而姬旦
之勳儉於百里何約也漢懲秦孤立大封
子弟諸侯王分天下半然王受國而侯其
支庶世世至於盡而不益之國也唐之十
三宅百孫院終世不出閤宋之贍親廣親
睦親敦親諸院皆在兩京其食祿之數可
想已今
國家子孫雲仍媲美先代乃數十年生齒日

盛祿米日增大約計之
宗祿已踰二百萬歲額所入漸不足以當其半耳親遠則疎事窮則變勢不得不然也袒免以下有限封之議有均祿之議有減祿之議有闢業之議有通籍之議斤斤矣而
宗室卒未蒙其福郡國愈日輸其苦揣其形而摩其情將不可支已則其蔓不可不圖也一曰宄員錦衣類多賈客俠兒倚中常

[illegible][illegible]名籍而糜大官內外監竊廩者幾數
千人類多市井健兒而其業籍絕無所稽
京營練兵籍不踰九萬而仰給大司農實
倍其半三者雖睫論而其實不可不塞也
此數者皆今之可爲太息者也夫天有常
象地有常形國有常度故上之畜下不妄
則所出法制度者明也下之事上不欺則
所循令守義者審也上出法制度不明上
無度下循令守義不審下無度上下無度

是謂無節無節則亂亂則賞不德罰不威
舟輿飾而臺榭廣輕用衆而使民勞上用
財無已民用力無休上下相怨而大獄興
國是可知也明君塞其門窒其賓精其數
飭其法庶幾哉節之之要乎而生財之大
道竊願終焉莫如明農夫行其田野視其
耕耘饑飽之國可知也行其山澤視其桑
麻貧富之國可知也行其城郭視其車馬
衣服侈儉之國可知也車馬衣服儉用必

廢而民淫倉廩必虛其藏不足以供賞樂
麻不盛時貨不生耕之不深芸之不謹其
民必游惰而無稽數者皆亡國之梯也夫
農游惰無稽由官邪也邪官無求農則農
不敝而有餘日而農興矣百官之情相稽
則官不敢爲邪而上不貪上不貪則稽於
農而農信農信而農興矣官稽於農則農
一其業農一其業則愚愚則不見可欲不
逐末而農興矣農興而農明十倂見水不

大潦五尺見水不大旱水旱天之數也春
采生秋采蓏夏陰而冬陽是謂明天山無
木澤涸土燋而不毛百當一山蔓斧斤入
焉可以爲薪蘇數可游鎌纏良田之所資也
十當一林木可爲車澤網罟居之五當一
地之數也是謂明地知天知時知地知物
知物而知愛知愛而知義府庫之藏充於
貢賦兵革之備充於輸輓
國家內安四夷外賓此廉吏之明効周禮之

遺意而生財之至要也舍是雖有桑孔復
生吾知其術窮矣願
聖天子加之意焉

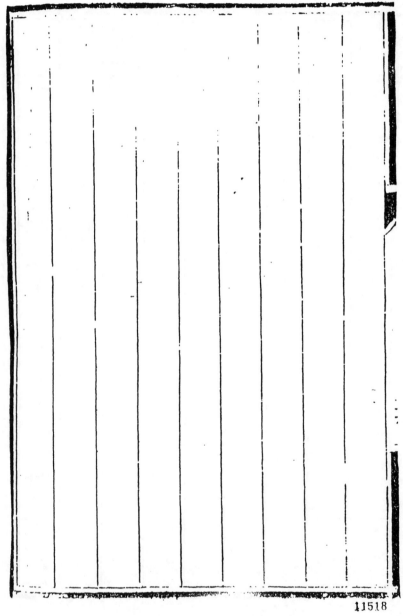

山東鄉試錄後序

臣邢域守度支功令日謹持

管籥問軍儲碌碌未有稱也

上幸俞禮臣請使臣副員外臣登

才掄士山以東臣也鄙釋概

量而操鉛槧非其質矣則愀

然汗下慮干不然之議以負

上命爲多士羞已自惟臣郎自請
安得越管籥而効忠顧獲徼
一日校藝之役蒐鄒曾奇傑
託於以人事
君以明報稱萬一儻庶幾乎臣郎
無狀有赤心在義不敢負
國無論惠文三尺矣用是夙夜

氷兢思竭臣之愚勿溺其職
而當御史臣標力持風裁塞
諸弊穴百執事爭濯磨共令
臣等得緣御史科條引諸分
校臣申之約且宣
上德意所嚮毋令盭謬否閼才者
路以傷

陛下之明乃席寵靈業旣竣役可
幸無罪儻所稱報耶非也士
握彤管竭精淫思於寸晷杼
所自得僅尺幅耳尺幅也而
栝士之生平主者索士之生
平於尺幅而懸必之於今日
以後數十餘年不可知之樹

建而哆爲得人不已迂哉則
豈成其爲報 臣 覩士射策扼
腕談當世英氣勃勃豈不習
大義而嫺持論者方思耀吾
鞭弭無時令一旦委羔鴈事
明主此英雄馳騖之時慷慨者之
秋也夫乘時而自奮者易奮

而易仆慷慨而赴事者始勤
而終餒夫惟試之紛劇而勝
否見試之貨財而廉貪見試
之刀鋸鼎鑊而勇怯見試之
寵辱進退而靜躁見試之五
侯七貴而介倿見此非端慤
厚實惡能愉快矣

明旨一再申使者獨文體人心爲
惓惓夫文有純駁不啻白黑
臣等奉
明詔而左袒浮誕驅章掖而之靡
臣之罪也乃若人心不同有
如其面以爲無畸語而信其
無畸心非臣之明所逆覩也

諸生試內自度能抱一乎能
勿欺乎能無欲若赤子乎能
寵利若浼乎能
國爾忘家公爾忘私乎能抗顏
責臣同巷不相親乎能畏四
知不愧暗室乎能折檻牽裾
批逆鱗乎非然者且自弁髦

其言而尊奉世俗一切緣飾
吏術以鬬其捷不則畀趨躡
嚅稽首掃門奉要人懽幸色
少假爲愉快獵華膴以得意
里閭耳人且持先資爲左券
曰而曩所扼腕勃勃謂何而
自食之士胡以應則 臣 有忸

怩已耳不忍讀此尺幅
也
天子選用賢良宏彌天之罔
車傳續食使者冠
道豈其以一第望
使魚目夜光混
哉此亦士不

萬曆壬辰科歷履小引

爵以馭貴，祿以馭富，王制也，亦天秩也。王者奉三無私以臨萬國，德懋懋官，功懋懋賞，官不必備，惟其人，典綦重矣。迨及後世，鄉舉里選之法，一變而為科舉之學。暨宋王荊公復立八股之制，至明而大備。其間英奇犖落之才，炳耀人寰，昔指不勝屈。雖謂科舉一途，不可以得真士乎哉。士生斯

窮當益堅，老當益壯

世、欲奮白屋、取青紫、使澤被當時、蔭施後
日、卓然為一代偉人、非學富五車、未易于
數八、百矣、余始祖石塘翁、遷於淄之西鄙、
累世積德行仁、至黃髮公而吾族始大、至
白陽公以壬辰名進士、歷任至大司農、加
宮保、際勝國之末造、奄宦弄權而憂國奉
公、夙夜匪解、為啓禎兩朝所倚重、迨告歸、
不數年而玉步已改矣、其一生忠孝大、

鄉文章政事、具載明史、固彰彰可攷也、凡屬後世子孫、執不當繩祖武而勿替引者、余偶于舊書簏中、檢及同榜歷履一冊、頗興枌榆之思、因敬錄裝潢、什襲珍之、以貽我子孫、俾後之賢者、歷歷指數、感發興起、不至數典而忘其祖、是亦愛屋及烏之意也、冊末微有缺畧、當俟異日補之、噫、華胄無關緊要、而所係為至重者此類是也、後

之人亦可以鑒予之心也已、

丙戌仲春淄邑後學畢保

嶷孟輝甫敬錄于寒碧齋

萬曆二十年壬辰科會試

總考

嘉議大夫禮部右侍郎兼翰林院侍讀學士掌詹事府事陳于陛

字玉壘四川南充人戊辰進士　乙酉順天副

嘉議大夫詹事府詹事兼翰林院侍讀學士掌院事盛訥字鳳

岡陝西潼關衛人辛未進士　戊子順天副

寧人負我　勿我負人

同考

易一房翰林院編修文林郎周應賓字寅所浙江鄞縣人癸未

丁鴻陽 貴陽 事 汪鳴鑾 婺源 王文耀 涇縣 主事 潘 趙 肯堂 吳用先 休寧 給諫 俞思沖 仁和

高鎮位 臨安 事 孫如游 餘姚 史繼偕 晉江 丁啟睿 遂化 侍郎 高克正 海澄 檢討 黃崗芳 武定 和

[illegible]

楊逢時江陵道　宋一韓陳州推官　喬允升洛陽中書　楊洵淮道　王劉本同編修　李作舟合州知州

易二房翰林院編修承事郎楊道賓字荊岩福建晉江人丙戌榜眼

楊惟治通州道　王國璽道化道　崔學最道　楊廷愛定州知縣　李從心南京尚書　厲昌期六合首外

張應望高淳知縣　吳貫吳江太僕卿　嚴書丁滁州　徐公敬餘姚道司　舒日敬南昌知縣

彭日新義撫察　洪有均南安道　李肅文和州　屈之秉零陵首外　汪若霖光州給事　鄒廷彥巴縣給事

易三房翰林院編修文林郎全天敘杭州浙江鄞縣人丙戌

蕭淳紫峰浙江道　王永光長垣尚書　金長洲大理卿　陳降高郵縣　朱敬循山陰尚寶　徐可求西安巡撫

喻言南昌主事　熊鍾文南昌郎中　徐夢暘祥符郎中　李文全侯官道　蔣光彥晉江道　黃七卓首外

李騰芳湘潭侍郎　徐宇聯南有知府　馬龍陝陽通政務　深鹿城王國瑚鎮氏道　黃英南充按察

易四房吏科左給事中李周策門龍直隸吳江人丙戌

時初旦卯正計命死

李本緯 曲沃 布政 當廷 潞 長洲 郡守 王在晉 太倉 尚書 吳士奇 歙縣 太常卿 胡 休寧 郎中 高登明 宣城 主事

毛堪 遂安 郎中 姚善 保定 道 朱一桂 保定 趙應 新昌 道 戴以謨 杭州 知府 嘉

孫敦化 保留 道 杜思望 稽氏 知府 張爾政 大同 布 梁隆吉 長安 知府 黎雲吕 三原 道 倪斯惠 巴州 侍郎

易五房兵科左給事中章尚學 懷遠 浙江蘭谿人 癸未

李尚完 上海 未仕　蔡夢齊 寧晉 同知 王一中 長寧 道 柴大復 嵩山 布政 夏崇華 上海 推 顧言 道 江陰 朱

李元敏 己丑 甲午 道　朱壽 郎 中書 陳美 道 崔 鄒 鼎 太僕卿 蕭椿 道 翁正春 尚書 洪學 布政

蔡承中 知府 權芳 事 改主 王家 陶 知縣 蔡居 知縣 杜 章 道 孫學 易

正

書一房奉訓大夫司經局洗馬兼翰林院修撰楊起元 善人 丁丑 廣東 歸

高承 華亭 翰林 張捷 正 湯兆京 宜興 道 史 浙 夏允彝 未仕 施 明 歸

朱錦 知府 盧 莆田 布政 張 寧 襄城 道 耿廷柏 知縣 楊 能時 主事 閣 登

11535

書二房翰林院編修黃汝良(掖庵)福建晉江人丙戌

劉生中(漳州)詞林　顧自植(吳江)　楊武烈(歙縣)事　姚文蔚(錢塘)　施所志(吉水)政　鍾兆斗(臨海)工部

潘士達(烏程)布政　沈榕達(嘉興)　張存意(華容)按察　黃嶧(廣州)　劉堯來(歷城)郎中　滿生文(淄川)

張延登(鄒平)尚書　周仲士(三原)事　王大合(太守)　蘇兆民

書三房翰林院修撰秋務印焦竑　濟南旗丁籍日照人己丑

沈鳳翔(武進)　鍾鳴陛(丹陽)事　余懋衡(婺源)尚書　樂和聲(桐鄉)　陳懿典(秀水)侍讀　王演疇(太守)

林學增(晉江)侍郎　袁宏道(公安)郎中　袁和(安陽)　陳民志(沁陽)　臧爾勸(諸城)郎中　石琳(僉事)

朱繪(南州)　何廷升(宿州)道　謝侍用

書四房翰林院編修莊天合中虛湖廣長沙人己丑

李之皞道

金汝升(武進)　李應魁(太湖)　沈時來(華亭)　馮體乾(金壇)事　俞政(合肥)　范慶賓(主事)

李在 公翁 賁 陳幼良 乾 江中輔 晉江 盧碩 長泰 葉蕃心 佳姚 知縣 張敷善 臨川人
鄭友周 定襄 趙之翰 西南道 岳虞 謝 知縣
詩一房承務郎右春坊右贊善兼翰林院編修敖文禎 江西高安人 丁丑
郭維楨 己丑 王受受 布政 九奏 王應元 李冀光 董復亨 元城 胡登
周士英 郎中 張應泰 太守 金忠士 林安 沈淮 烏程 嚴廷 知縣 王應吉 知縣
徐應鶴 主事 陳振陽 晉江 郎中 楊一葵 布政 連繼芳 陳唐表 村維泰
陳 寧國 郭 余自
詩二房翰林院檢討徵仕郎蕭雲舉 廣西宣化人 丙戌
高攀桂 王樂善 胡國鑑 郎中 徐必達 侍郎 李日華 梁廷鄉 金華
周 訓 周昌 日 摩 臨川 謝肇淛 布政 徐大紳 周之翰 郎中
江 盈科 布政 李希石 蘭 陽 三 潘國重 馬維馳 周 時 楚 士 陳元勲 李

11537

詩三房翰林院檢討李啓美 念於 江西豐城人 丙戌

堵維垣 無錫 丙戌　陳萬策　陸化淳 常熟　李唐之　屏　朱家法 上海　徐來儀　沈朝煥 仁和

劉憲寵 四川 太僕卿　馮若舒 主政　劉一焜　曾如海　胡賓　朱一龍　李維翰

蒲氏俊 主政　何際可　李之芬　武之大　桑學夔　史光　劉元經

趙可教 己丑 丙戌　壽之秀　馬文卿　朱化孚

詩四房吏科給事中韓學信 山東平山衛人 丙戌

吳民相　聶士輪 主政　王福徵　朱樊元　羅相　饒景曜　倪大器

劉廷桂　孫鉉　田大年　姜性　楊性齋　李雲鵬

沈聽之　張篤敬　王象斗　錢怡永　俞張養才　張羽　李廷大

詩五房奉直大夫兵部職方清吏司署郎中事員外郎楊于廷 字

沖所 直隸全椒人 庚辰

李必達肥鄉知縣　劉紱仁武進推官　吳海蕃無錫舉人　崔廷健太平道　馬　凝慈谿道　陳維春南昌刑部

徐仲佳臨川道　李開春上高同知　朱文卿寶應知府　熊　寅新建知縣　湯　木南京道　楊正芝鹽城知府

張同德祥符工科　李來命杞縣人知縣　段猷顯商城按察　畢自嚴淄川尚書　楊　櫝滁州道　潘　榛鄞縣道

張五典沂水尚書　熊應占隆昌布政　王夢龍　王　喻華陰知州

春秋房翰林院編修文林郎鄒德溥江西安福人癸未

承德郎工部營繕清吏司主事詹在泮定宇浙江常山人癸未

林應元崇安次科　顧天埈崑山　翁憲祥　李名芳　馮應京泗州　謝存仁

楊廷筠仁和　沈　演烏程　毛志尹　劉孔當安福　胡大成　李叔元

蘇茂相　余懋賢建安　闕　楊　道　馬應龍安邱　李景登　史學遷

韓　爌蒲州　曹于汴安邑　薛　芳　廖如龍　卞承憲

禮記房翰林院檢討徵仕郎李道統河南陳州人癸未

承德郎吏部文選清吏司主事郝一光太澤湖廣雲夢人庚辰

楊謎禮華亭劉伯輝松江王廷錫沈茂榮陳治本陳濟

鄧康岳閩縣橫宇一青江橫宇道青江胡明佐同安余心純黃岡吳士瑞黃岡

周大書天津張謝行馬從龍安化王用謨萊陽喬應甲景一明宗卿

周一梧長沙楊松年南充

萬曆二十七年壬辰科進士履歷便覽

瀋邑後學畢廣煜孟輝甫敘錄

隸戊午四人

林應元 汶城 春秋房庚申十一月二十七日生錦衣籍東安人己卯鄉試二十三歲

曾祖鳳　祖宏

父棟　殿試三甲三十五名仕至吏科給事中

王受 澤容 詩經房癸亥四月十四日生錦衣籍仕郎人戊子鄉試二十歲

曾祖祖奇　祖龍

父鍾　殿試三甲一百四十三名仕至陝西右布政

李本緯 洙玉 易經房丁卯十一月初三日生錦衣籍曲沃人辛卯鄉試二十六歲

曾祖英　祖海

父紹　殿試三甲二百二十四名仕至山東右布政

楊惟治 同野 易經房丙辰八月初二日生瀋陽衛籍遼州人戊子鄉試三十七歲

曾祖福海　祖景芳

父錫　殿試三甲二百五十名仕至河南右參政

金汝升 與舍 書經房丁巳七月十九日生金吾右衛籍武進人乙酉鄉試 三十六歲
曾祖輪 祖如成 殿試三甲一百八十二名仕至南京戶部主事
父拱

蕭淳 念野 易經房甲子六月初三日生撫山衛籍紫峙人辛卯鄉試 二十九歲
曾祖懷 祖堂 殿試三甲三十二名仕至浙江道御史
父鬱鉉

高攀枝 具支 詩經房壬申正月十七日生大興籍臨邑人辛卯鄉試 二十一歲
曾祖寧 祖山 殿試三甲二百三名仕至雲南道御史
父登

王樂善 西里 詩經房壬申五月二十六日生霸州人己卯鄉試 二十一歲
嵩看八歲甲午年理定非辛卯無疑
曾祖聰 祖宗義 殿試三甲九名仕至吏部考功主事
父遵

李應魁 瑞麟 書經房丙辰八月二十一日生大城人戊子鄉試 三十七歲
曾祖來 祖思聰 殿試三甲乙百四名仕至山東按察使
父銓

王國英 耕宇 易經房辛酉正月二十三日生遵化人己卯鄉試 二十二歲

曾祖鑑　祖宣　三甲一百[illegible]名仕至湖廣副使

父志能

蔡夢齊 覺我 易五房戊辰五月廿五日生定興人戊子鄉試 二十五歲

曾祖志儉　祖廷瑄　三甲一百十三名仕至山西太原府同知

父葵

常學思 志道 易六房壬戌八月十九日生 安州新安籍 人 鄉試 二十一歲

曾祖武　祖正　三甲二百四十二名仕至四川副使

父簡

陳鳥策 麟臺 詩三房丙辰十月十五日生　籍　人 十六歲 癸酉鄉試 二十七歲

曾祖興旺　祖忠　三甲三十四名仕至國子監博士

父席

王一之 紹吾 易五房乙丑十二月初二日生肅寧人乙酉鄉試 廿六歲

曾祖維　祖紘　三甲一百九十七名仕至四川參議

父道明

劉生中 性宇 書二房丙寅十一月初一日生滄州人辛卯鄉試二十六歲

曾祖立爵 祖存信

父正蒙 三甲十一名任至翰林院檢討浙江主考

楊廷燮 忠所 易二房庚申九月二十一日生定州人乙酉鄉試二十三歲

曾祖茂 祖漢

父繼宗 三甲二百二十七名任至 知縣

呂允奏 四必 詩一房丙寅八月二十二日生冀州人辛卯鄉試二十六歲

曾祖富 祖豹

父康 三甲一百八十三名任至右參政山西主考

王應元 仁臺 詩一房戊午四月二十七日生洋州人壬午鄉試二十五歲

曾祖釗 祖蕃

父璧 三甲二百十六名任至承天知府

聶雲翰 化南 詩四房乙丑九月二十九日生 人壬午鄉試二十八歲 十八歲

曾祖景岩 祖鎰

父應揆 三甲一百五十二名任至禮部主事

李必達 字孚 詩五房 庚申十一月十三日生 肥鄉人 壬午鄉試 二十三歲

曾祖恭 祖時用

父夢松

三甲一百六十七名 仕至鳳翔知縣

冀光祚 字爽軒 詩一房 丁巳十月初四日生 邯鄲人 戊子鄉試 三十六歲

曾祖懸 祖棠

父思

三甲一百十九名 仕至雲南按察使

董復亨 字太初 詩一房 辛酉八月廿八日生 元城人 丙子鄉試 十六歲 三十二歲

曾祖俱 祖文

父增

三甲一百七十七名 仕至文選司郎中 湖廣王參

李從心 字介石 易二房 庚申七月十八日生 南樂人 辛卯鄉試 三十三歲

曾祖靜 祖節

父貫

三甲二百二十二名 仕至工部尚書

王永光 字射斗 易三房 乙丑七月初七日生 長垣人 戊子鄉試 二十八歲

曾祖九 祖豁

父冏

三甲一百一名 仕至吏部尚書

南直隸人 書江年十二

沈鳳翔 虞乘 書三房癸丑二月二十二日生　籍武進人丙子鄉試

曾祖理　祖紹　三甲一百七十一名仕至户科給事中

父九思

屠嵩謨 堂所 易二房乙丑八月二十四日生　籍六合人戊子鄉試 二八

曾祖析　祖鑄　三甲一百十七名仕至兵部員外

父時嚴

張應望 擬益 易二房丙寅三月初三日生高淳人辛卯鄉試 花

曾祖琪　祖傑　三甲一百六十三名仕烏程知縣

父藻

管廷鄂 擬初 易四房甲子正月初七日生長洲人戊子鄉試 花

曾祖文正　祖鸞　三甲一百八十名仕龍門知縣

父任

金士衡 昆源 易三房丙寅八月二十六日生長洲人壬午 十七歲 鄉試 二十五

曾祖胃　祖祥封　三甲一百九十九名仕至大理寺少卿

父憲徽

探花 顧天埈 澗巷 春秋房壬戌三月初六日生崑山人己卯鄉試 三十一

曾祖潛 祖夢圭

父允默 一甲三名授翰林院編修升至左諭德庚子順天主考

柴大復 素行 易五房戊辰正月廿日生崑山人辛卯鄉試 廿四

曾祖泰 祖中聞

父輔正 三甲二百三十四名仕至兵部員外

陸化淳 淥源 詩三房壬戌八月十三日生常熟人壬午鄉試 三十一

曾祖文 祖誥

父南英 二甲十九名仕至金華府知府

翁憲祥 完虛 春秋房丙寅二月廿四日生常熟人辛卯鄉試 二九

曾祖宿 祖鄉 以孫琳元贈光祿大夫刑部尚書

父拱極 三甲五十六名仕至太常寺少卿福建主考

會元 吳默 因之 易二房丁巳九月初七日生吳江人壬午鄉試 卅六

曾祖旭 祖奎

父鵬 二甲三名仕至太僕寺卿

顧自植 舍素 書三房甲子正月廿二日生吳江人戊子鄉試廿九
曾祖綱 祖文言 父啓志
三甲一百七十五名仕至江西副使

李名芳 春海 春秋房己巳八月廿八日生歙縣人 鄉試丙

曾祖鼎 祖文邦 父錚
三甲二百十八名改翰林院庶吉士

王在晉 岵雲 易四房戊辰六月十七日生太倉籍濬縣人己酉鄉試二九 出崇
曾祖旗 祖贊 父先器
三甲一百八十一名仕至兵部尚書

唐之屏 城詩 詩三房己未十一月初四日生華亭人辛卯鄉試三丙
曾祖倖 祖自道 父世材
三甲一百八十六名授常山知縣

沈時來 乙樓 書四房辛酉九月二十一日生華亭人戊子鄉試二十七
曾祖世儒 祖服來 父鳳毛
三甲十名仕至浙江道江西巡按雲南壽

楊繼禮 閬石 禮記房壬戌正月十一日生華亭人己卯鄉試二十一
曾祖同進　祖泉　二甲九名仕至翰林院右諭德 江西主考
父道東

夏崇華 擬如 易五房庚午五月初二日生上海人辛卯鄉試二十三
曾祖廷秀　祖欽　三甲十一名授荊州府推官
父逢霖

李尚袞 補滙 易五房癸丑正月初二日生上海人丙子鄉試卒
曾祖曉　祖府　二甲三十二名未仕卒
父李

朱家法 半石 詩三房癸卯三月廿七日生上海人辛卯鄉試卒
曾祖耀　祖豹　二甲三十名仕至工部郎中
父察卿

高承祚 出奉 書一房丙寅九月初七日生華亭人十四 己卯鄉試卒
曾祖傳　祖國客　三甲一百五十一名仕翰林院庶吉士
父午

劉紘仁景范 詩五房甲子七月十四日生武進人乙酉鄉試 卅九
曾祖德 祖奎 三甲七十四名授泉州府推官
父應時

胡澄主海 詩一房乙丑八月廿日生武進人辛卯鄉試 廿八
曾祖順 祖紘 三甲六十二名仕至河南府同知
父猷章

周士英惺拔 詩一房丙寅正月廿六日生武進人乙酉鄉試 廿九
曾祖廷瑋 祖儀 三甲四十六名仕至吏部考功司郎中
父品

吳海鏊霽 詩五房戊午八月二十四日生無錫人己卯鄉試 三十九
曾祖貞 祖程 三甲乙百八十二名仕至行人司副
父豪

堵維垣太冲 詩三房辛酉八月十九日生無錫人乙酉鄉試 二十二
曾祖倫 祖世 三甲一百七十九名仕至廣東右布政
父暘

顧言 中瑜 易五房戊午四月初八日生江陰人戊子鄉試二十五

曾祖清 祖訓 三甲一百四名任至四川右參政
父儒

張履正 書一房 江陰人 鄉試

曾祖道 祖廷策 會試二百四名未與廷試
父夔

湯兆京 賢叁 書一房乙丑六月廿一日生宜興人戊子鄉試廿六

曾祖瑾 祖儒 三甲四十七名任至掌河南道事
父鍾壽

鍾鳴陛 成亨 書三房庚申五月廿四日生丹陽人壬午鄉試二十三

曾祖 祖卿 三甲一百五十一名任至刑部主事
父岱

丁鴻陽 衡岳 易一房己巳三月初五日生丹陽人辛卯鄉試廿四

曾祖圯 祖一敬 三甲一百十五名任至吏部文選司主事
父恩康

馮體乾 念純 書四房 庚申十一月廿七日生 金壇人 壬午鄉試三十三

曾祖脅 祖光前 二甲五名授戶部主事

父汝賢

史鄰 企忠 書一房 甲子十月初五日生 金壇人 乙酉鄉試先

曾祖夢錫 祖鐘華 三甲二百二十四名 仕至光祿寺卿

父洪達

賓于傭 進南 書四房 辛酉八月十二日生 合肥人 乙酉鄉試卅

曾祖增 祖永蕃 二甲一百二十一名 仕至福建左布政 甲午貴州主考

父遵

馮應京 慕岡 春秋房 乙卯五月二十日生 泗州盱眙人 辛卯鄉試卅六

曾祖瑩 祖嵩 二甲五十名 仕至湖廣僉事

父世登

徐來儀 水蒼 詩三房 乙丑二月十五日生 興化人 壬午鄉試廿六

曾祖忠封 祖大經 二甲四十二名 仕至南京戶部郎中

父可自

旦袁共吳武進士一百罗名令宴公 三甲戊子癸卯壬名蒙 公父二甲乙未癸丑名 恨当時抄〃偽時 汶蘭〃細心人信細 考核

楊武烈泰中書二房癸亥五月初八日生歙縣人壬午鄉試 三十一

曾祖房富 祖仲秀 三甲一百五名仕至户部主事

父來

吳士奇廷洲易四房丙寅六月二十三日生歙縣人辛卯鄉試 二十五

曾祖自寬 祖良鐸 三甲一百三十三名仕至太常寺卿

一達

胡 玠共西易四房乙丑二月廿一日生休寧人戊子鄉試 二十八

曾祖永高 祖美 三甲五十三名仕至户部郎中

父鼎

汪鳴鸞咸池易一房己未正月十四日生婺源人辛卯鄉試元 三十四

曾祖作信 祖毓鉾 三甲一百六十四名觀都察院政卑

父天曉

余懋衡少原書三房戊辰正月初十日生婺源人辛卯鄉試 二十五

曾祖烽 祖基 三甲二名仕至南京吏部尚書

父世安

謝存仁 涵夫 春秋房 乙丑四月二十七日生 祁門人 戊子鄉試廿八
曾祖學 祖芳 乙未會殿試二甲廿二名 觀禮部政
父典照
高登明 來始 易四房 戊午三月初八日生 宣城人 乙酉鄉試三十七
曾祖彥馨 祖楷 三甲三名 仕至吏部主事
父清
胡國繼 述 詩二房 丙寅三月廿六日生 宣城人 戊子鄉試二十七
曾祖仲偉 祖廷珠 三甲五十名 仕至南京禮部郎中 陝西主考
父世昌
王文燿 廷岩 易一房 壬戌十月十三日生 涇縣人 戊子鄉試三十一
曾祖鎰 祖汝獻 三甲六十七名 仕至刑部主事
父廷輝
張應泰 山東 詩一房 甲寅六月二十五日生 涇縣人 壬午鄉試十六 二十九
曾祖霞 祖榮 二甲一百二十名 仕至吉安府知府
父臨

崔廷健 軒鼎 詩五房 壬戌四月初九日生 太平人 壬午鄉試 二十一

曾祖杉 祖㷧 父祥 三甲二百二十一名 仕至四川副使

潘謚 梅岩 易一房 癸亥十月廿一日生 當塗人 壬午鄉試 二十

曾祖鉄 祖鄦 父渠 三甲二百三十五名 觀吏部政卒

劉伯輝 妙春 禮記房 己巳十二月十一日生 懷寧人 己卯鄉試 二百

曾祖忠 祖淳 父雲從 三甲一百三十四名 仕至漳州府通判

楊材 上生 易一房 癸亥九月十七日生 懷寧人 乙酉鄉試 己丑會試 三十

曾祖述考 祖貴 父鑑 三甲五十一名 仕至右通政司

吳用先 如本 易一房 甲子七月二十一日生 桐城籍休寧人 辛卯鄉試 二九

曾祖禎 祖一鳳 父應道 三甲二十七名 仕至兵部右侍郎薊遼總督 私謚

徐育年 考用先 金忠士 西墻 詩一房丙寅八月初七日生宿松籍休寧人辛卯鄉試二十五

崇丹徒人 歷三辰

曾祖岩璵　祖積漢　三甲五十九名仕至江西巡撫給祭葬

進士田主事 貴州主

父坤

考山術吳

賈巖 泰 易二房庚申三月十四日生廣武衛籍滁州人戊子鄉試二十三

詩三房

曾祖彝　祖百祐

父泉　二甲十七名授戶部主事

浙江省 二十六人

姚文蔚 養谷 書二房甲子七月二十八日生錢塘籍武功衛人辛卯鄉試元

曾祖相忠　祖鉞

父良儒　三甲乙百二十三名仕至南京太僕寺少卿 江西主考

王廷錫 懷我 禮記房丙寅正月十四日生錢塘人壬午鄉試二十七

曾祖詔　祖維中

父承勳　三甲八十名授江南華亭縣知縣

沈朝煥 太鼓 詩三房壬戌七月初四日生仁和人乙酉鄉試二十一

曾祖天祿　祖致和

父楠　二甲五十七名仕至福建參政 山東主考

俞思冲 號白 易一房戊辰九月初二日生仁和人 鄉試一一 弍十乙
曾祖信 祖璣 未廷試
父鶴
楊廷筠 號淇園 春秋房壬戌五月二十四日生仁和人已卯鄉試二十一
曾祖俊 祖周 三甲三十六名仕至順天府丞
父兆坊
朱與魁 號惺復 易五房庚申二月廿二日生海寧人辛卯鄉試二十三
曾祖良 祖鵠 三甲一百七十三名仕至廣西副使
父一卿
高鎮位 號秦槃 易一房辛未十月二十三日生臨安人壬午鄉試二十一
曾祖樾 祖逖 二甲四十九名提刑部主事
父時
施尚志 號荊潼 書二房戊午正月初十日生嘉興人丙子鄉試二十五
曾祖玉 祖容 三甲一百四十四十六名仕至雲南左布政 廣西[illegible]
父載

徐必達 伏主 詩二房 丙寅六月廿八日生 嘉興人 辛卯鄉試 廿九

曾祖贊 祖鍵

父學潤 二甲一百十名 仕至南京兵部侍郎

李日華 九疑 詩二房 戊辰三月十三日生 嘉興人 辛卯鄉試 五

曾祖竹 祖悳

父應鵬 二甲二十二名 仕至太僕寺卿

岳和聲 石帆 書三房 己巳五月初五日生 嘉興籍桐鄉人 辛卯鄉試 あ

曾祖述 祖尚

父元俊 三甲九十八名 仕至都察院右副都御史 巡撫延綏

范應賓 房 月 日生 人 鄉試

曾祖瑋 祖言

父之東 甲 名 仕至工部主事

陳懿典 如岡 書三房 癸酉六月二十八日生 秀水人 己卯鄉試 石

曾祖純 祖詩

父一德 二甲十名 仕至翰林院侍讀學士

夏九鼎 垂璞 書一房癸卯四月二十二日生嘉善人辛卯鄉試第一
曾祖鈁 祖光啓 父元鑒 三甲一百七十二名仕知縣
鍾光斗 乾所 書二房乙丑八月十一日生海鹽人辛卯鄉試只
曾祖海 祖梁 父詒 三甲二名仕至工科給事中陝州州主簿
李在公 養白 書四房甲子十二月初二日生嘉興人戊子鄉試九
曾祖文啟 祖洪 父律 三甲六十八名仕知縣
沈淮 銘頊 詩一房乙丑三月十三日生烏程人辛卯鄉試廿八
曾祖端 祖璧 父節 三甲一名仕至禮部尚書東閣大學士湖廣[illegible]
沈演 何山 春秋房丙寅七月十二日生烏程人辛卯鄉試九十
曾祖端 祖璧 父節 二甲十四名仕至刑部左侍郎南京刑部尚書

施浚明 華二 書一房癸亥九月十七日生歸安人辛卯鄉試 三十一
曾祖簡 祖宇成
父可大
三甲二百三十八名任至廣西參政

潘士達 完璞 書二房丙寅六月初三日生安吉州籍烏程人戊子鄉試 二十五
曾祖鈇 祖雲
父秉姚
三甲二百二十二名任至江西右布政

蔡廷儀 景菖 詩一房丙寅六月十七日生歸安人辛卯鄉試 二十七
曾祖霍 祖介
父汝麟
三甲八十七名授福建莆田知縣

丁浚 浚源 易二房庚申十二月十七日生歸安籍辛卯鄉試餘姚人 三十二
曾祖孝學 祖綸
父鉉
三甲二百二十八名任至河東運使

沈裕 懷菴 書二房甲寅十月二十六日生武康籍餘姚人壬午鄉試 叁九
曾祖璧 祖洋
父閑
三甲二百十九名行取廣東道御史

朱宗毅 易五房己未二月十七日生鄞縣人壬午鄉試三十の
曾祖采 祖源 三甲一百十二名授中書舍人
父應桂
王福徵 詩四房庚申十一月二十二日生慈谿人壬午鄉試二十三
曾祖汚 祖案 三甲一百五十九名仕至南京刑部郎中
父燇
陳一愷 易三房甲子八月二十四日生鄞縣人辛卯鄉試二十九
曾祖琢 祖浩 三甲一百八名未仕卒
父梓
沈焌榮 禮記房癸亥四月十七日生慈谿人壬午鄉試三十一
曾祖大大 祖公寅 二甲十六名仕至知府升副使
父守中
劉憲寵 詩三房丙戌會試癸亥八月十七日生慈谿人己卯鄉試四十七
曾祖鐵 祖準 三甲十五名仕至南京太僕寺卿
父廷賓

馮烶 貞隸 詩五房癸亥九月初二日生慈谿人乙酉鄉試二十二
曾祖鋼 祖光浙 三甲一百四十九名任至江西參政
父何

馮若舒 漢醇 詩三房丁卯九月十九日生慈谿人辛卯鄉試二十六
曾祖禾 祖燮 二甲四十八名授刑部主事
父叔言

王應吉 穀傑 詩一房甲寅五月十一日生山陰籍嵊縣人己卯鄉試三十九
曾祖理 祖廷 三甲二百四十名任至兵部員外
父範

陳美 沖宇 易五房辛酉七月十四日生山陰人乙酉鄉試二十二
曾祖鑑 祖澗 三甲一百七名任至四川右參議
父桀

朱敬循 石門 易三房甲子正月十八日生山陰人辛卯鄉試二十九
曾祖廷贊 祖公節 二甲六名任至右通政
賡父賡內閣大學士

朱錦 恕菴 書一房丙寅五月廿七日生餘姚人戊子鄉試 二十又

曾祖瑞　祖苔　三甲三十七名仕至揚州知府

父守道

朱燮元 恒岳 詩四房丙寅十月十四日生山陰人乙酉鄉試 二十七

曾祖廓　祖以京　三甲七十一名仕至兵部尚書貴州總督

父璘

孫如游 鑑湖 易一房庚申九月十五日生餘姚人丙子鄉試 二十三

曾祖遂　祖壆　未殿試 [illegible]歷[illegible]順天主考

父鏊

陳治本 蘭岳 禮記房庚申七月十九日生餘姚人乙酉鄉試 二十三

曾祖文豊　祖孟惺　三甲一百九名仕至福建參政

父三省

陳治則 蘭崖 禮記房癸亥七月初九日生餘姚人壬午鄉試 二十

曾祖文豊　祖孟惺　三甲七十三名仕至吏科都給事中江西主考

父三省

梁廷卿 號見 詩三房丁巳十月廿五日生金華人乙酉鄉試 三十六

曾祖景輝 祖宣
父淮

二甲十三名仕至知府

徐可求 觀我 易三房戊辰五月廿六日生西安人辛卯鄉試 二十九

曾祖珊 祖孔昱
父良德

三甲四十二名仕至四川巡撫

徐公敘 賓麓 易二房戊午九月十七日生開化人戊子鄉試 三十五

曾祖組 祖璉
父文涉

二甲五十三名仕南京工部主事

毛一瓚 肖環 易四房辛酉六月十五日生遂安人庚午鄉試 三十二

曾祖彥敬 祖存誥
父志度

三甲一百五十六名仕至吏部文選司郎中

江西二十六人

喻吉興 順中 易三房丙辰十二月初三日生南昌人戊子鄉試 三十七

曾祖源洙 祖本初
父文[illegible]

三甲二十六名仕至兵部主事

舒日敬 碣石 易二房戊午十月二十三日生南昌人辛卯鄉試 三十五
曾祖叔錦 祖鏊 三甲五十四名授江南泰興知縣
父文獻

羅相 澄溪 詩四房壬戌三月廿八日生新建人戊子鄉試 三十一
曾祖秉正 祖鐘 三甲一百三十一名仕至兵部員外
父潛

饒景曜 崑圃 詩四房癸亥十二月二十一日生進賢人乙酉鄉試 三十
曾祖椽 祖尚章 二甲三十一名仕至寧泰兵備道
父袞

徐應鶴 鳴皐 詩一房丁卯十一月廿六日生進賢人辛卯鄉試 廿五
曾祖海 祖璞 三甲六十六名仕至工部主事
父文

熊鍾文 序野 易三房癸亥八月十五日生南昌人戊子鄉試 三十
曾祖良 祖銘 二甲四名仕至禮部郎中
父烊

陳維春 嘉如 詩五房庚申二月廿九日生南昌人辛卯鄉試 三十三
曾祖元初 祖光典
父棟
三甲一百四十四名仕至刑科給事中

毛志尹 近思 春秋房丙辰九月十四日生南昌人丙子鄉試 三十七
曾祖景清 祖萬閣
父仰秀
二甲四十五名仕至浙江副使

劉一焜 石閭 詩三房丁卯二月初一日生南昌人戊子鄉試 廿六
曾祖廷章 祖仕沃
父日材
三甲七名仕至右僉都御史浙江巡撫

徐夢暘 懷吻 易三房乙丑十一月初五日生餘　人壬午鄉試 二八
曾祖鵬 祖海
父戭
三甲一百三十五名仕至刑部郎中

姚善 性宇 易四房戊午八月初三日生浮梁人戊子鄉試 三十五
曾祖瑛 祖憲
父綸
三甲十八名仕至廣東僉事

朱一桂月撫易四房乙丑十二月二十日生洋渠人己卯鄉試二十八
曾祖會光　祖子忠　父天祥　三甲二十四名仕至刑部右侍郎

陳幼良予劬書四房乙丑十一月初八日生德化人辛卯鄉試元廿六
曾祖仕許　祖宇義　父于時　三甲二百二十三名授金華府推官

王演疇霖澤書三房乙丑十一月初八日生彭澤人辛卯鄉試三十六
曾祖應斗　祖一鳴　父錫圭　三甲三十九名仕至桂林府知府

周　訓卯藤詩二房戊子三月初八日生臨川人癸酉鄉試六十七
曾祖廷傑　祖世重　父奔和　二甲五十六名仕至陝西右參政

周曰庠文所詩二房戊午六月三十日生臨川人壬午鄉試三十七
曾祖黃崇　祖宏　父天爵　三甲一百九十三名仕至大理寺卿己酉浙江壽考

曾如海 元毅 詩三房丙寅十月廿四日生臨川人戊子鄉試 三十七
曾祖時謀 祖昇 父偉 三甲一百二十六名授同安知縣

徐仲佳 秋聿 詩五房庚申十月十二日生臨川人壬午鄉試 三十三
曾祖從矩 祖繼元 父道明 二甲五十四名任至四川右參政

熊鎮 中宇 詩二房庚申八月二十五日生廬陵人己卯鄉試 三十二
曾祖春和 祖格 父達 二甲五十二名任至刑部員外

曾皋 九虞 易五房癸丑九月二十一日生廬陵人壬午鄉試 四十
曾祖大紳 祖仕會 父龍 三甲二百二十四名任至浙江副使太僕寺少卿

蕭椿 時房 易五房丁巳三月十七日生廬陵人辛卯鄉試 三十六
曾祖正和 祖經 三甲二百四十三名任至浙江副使

劉孔當 喜聞 春秋房乙丑十二月初一日生安福人乙酉鄉試 二十八

曾祖忠 祖東
父公選 二甲二名仕至翰林編修

李開春 真吾 詩五房丁巳八月十四日生上高人癸酉鄉試 二十八

曾祖玉瑞 祖鵬
父伯堂 三甲二十五名仕至廣州府同知

趙應選 太初 易四房甲子二月初六日生新昌人辛卯鄉試 二十九

曾祖公旦 祖紀彦
父 三甲二百十二名仕至山東副使

胡大成 淮源 春秋房丙寅三月十五日生新昌人壬午鄉試 二十七

曾祖特立 祖斗南
父維垣 二甲八名仕至四川潼川知州

彭自新 銘 易二房辛酉十二月二十二日生萬載人己卯鄉試 三十三

曾祖寬務 祖斗南
父堯成 三甲三名仕至雲南按察使司

建 五十人

狀元

鄧原岳華用禮記房癸亥十月十五日生閩縣人乙酉鄉試 三十 廣東主考

曾祖克 祖忠

父遷

二甲五十一名仕至湖廣副使

翁正春青陽易五房戊午正月初二日生侯官人己卯鄉試 三十八

曾祖衍 祖朝建

父贊

一甲第一名狀元及第仕至禮部尚書癸卯順天主考

李文奎張五易三房己未十月十六日生侯官人乙酉鄉試 三十四

曾祖宗文 祖俊

父楠

三甲六十九名仕至廣東右參政

謝肇淛武林詩二房丁卯十一月二十九日生長樂人戊子鄉試 二十六

曾祖廷綖 祖浩

父汝韶

三甲十名仕至廣西左布政使司

陳振揚清波詩一房戊午十月廿一日生晉江人戊午鄉試 二十五

曾祖秉昌 祖銘

父寸

三甲四十五名仕至戶部郎中

楊守一 惟台 禮記房己未六月初五日生晉江人戊午鄉試[illegible]

曾祖膺膺 祖洪熙
父培宗
三甲一百九十二名仕至戶部主事

榜眼 史繼偕 聯雲 易一房辛酉二月十九日生晉江人乙酉鄉試二十三 [illegible]

曾祖時泰 祖宏垣
父朝宣
一甲二名仕至禮部尚書東閣大學士

林學曾 省身 書二房戊子十月初六日生晉江人戊子鄉試六十五 [illegible]

曾祖英 祖文明
父敦忠
三甲十六名仕至南京戶部侍郎

蔣光彥 觀九 易三房乙巳九月初二日生晉江人乙酉鄉試四十六

曾祖允寬 祖繼勲
父際春
三甲一百七十四名仕至山東參政

洪啓膺 易三房六月十四日生南安人乙酉鄉試

曾祖宙 祖庭寔
父有傑
二甲六名仕至左布政使司

蔡宇庶　禮記房　三月二十九日生晉江人辛卯鄉試
曾祖洪猷　祖貴宗
父宇懋　三甲一百七十名仕至廣東副使

李叔元（業廣）春秋房丙辰六月初六日生晉江人辛卯鄉試　二十七
曾祖翔　祖逢陽
父芳　二甲四十五名仕至太僕寺卿

蔡茂相（本石）春秋房辛未十月初五日生晉江人辛卯鄉試　二十二
曾祖春　祖璟
父士潛　二甲十二名仕至戶部尚書加太子太傅[illegible]州主考

洪有助（遜益）易一房庚申五月三十日生南安人戊子鄉試　二十三
曾祖孟瓘　祖溥
父以彬　三甲一百四十名仕至廣東副使

江中楠（玉）林書二房己丑十二月二十日生晉江人己卯鄉試　[illegible]
曾祖復亨　祖翔
父尚明　三甲三十九名仕至河南參議　[illegible]

丁啓睿 哲初 易一房 己巳六月二十七日生 晉江籍德化人 戊子鄉試[illegible]
曾祖偉 祖自中 三甲十九名 仕至刑部左侍郎
父白

胡明佐 拱柱 禮記房 甲子三月二十三日生 同安人 壬午鄉試先
曾祖廷寬 祖邦猷 三甲九十三名 仕至山東參政
父旦

鄒希賢 星門 春秋房 甲子六月二十二日生 建安人 乙酉鄉試先
曾祖金 祖漢 三甲三十五名 仕至江西參議
父棠

盧廷選 真常 書一房 己巳十月初一日生 莆田人 辛卯鄉試[illegible]
曾祖子駿 祖鏊 二甲四十名 仕至湖廣布政使司
父希孟

徐大紳 翰明 詩二房 丙申九月二十四日生 建寧人 辛卯鄉試[illegible]五
曾祖宗唐 祖源達 三甲七十八名 仕至寧波府同知
父是吉

戴以謙 字振易 四房己未九月十五日生龍溪人辛卯鄉試 二十四
曾祖岡瞻 祖思明 三甲一百四十七名仕至溫州知府
父春從
胡賓墀 龍見 詩三房己未九月十九日生漳浦人乙酉鄉試 二十四
曾祖子瑞 祖聞育 二甲四十四名授南京刑部主事
父文耀
李肅文 由闇 易二房丁卯十一月二十一日生 人辛卯鄉試 二十六
曾祖瑞巖 祖寅析 三甲二百二十九名仕至桂林府知府
父近
楊一葵 五致 詩一房丁卯九月廿四日生 人 鄉試 二十六
曾祖廷選 祖國岐 三甲一百四十八名仕至雲南右布政 四川主考
父守仁
穫民俊 廷邁 詩三房戊辰十一月初四日生漳浦人乙酉鄉試 弍五
曾祖良賓 祖楷 二甲二十二名授戶部主事
父可畋

連繼芳 榮州 詩一房癸亥六月初三日生龍岩人壬午鄉試 二十
曾祖仁　祖楷　三甲六十一名仕至廣西副使
父一貫
盧碩 與軒 書四房丁巳七月初二日生長泰人乙酉鄉試 二十八
曾祖德集　祖道明　三甲七十六名仕至戶部主事
父岐嶷
倪大器 崧山 詩四房戊午正月十八日生海澄人戊子鄉試 二十五
曾祖以慶　祖爲璉　三甲二百十三名授欽縣知縣
父仁玉
高克正 嵛宇 易一房戊辰二月二十一日生海澄人戊子鄉試 二十五
曾祖時華　祖益謙　三甲十四名仕至翰林院檢討洪江主簿
父存愛
陳臣表 肇甫 詩一房乙丑八月初五日生漳州籍　人戊子鄉試 二十六
曾祖灌　祖應桂　三甲一百五十八名授江陰知縣
父進可

湖廣二十四人

朱文卿煒詩五房庚申正月十六日生江夏人己卯鄉試二十三
曾祖宇富　祖廷政　父尚牌
二甲二十三名仕至廣信府知府

劉廷桂和陽詩四房乙丑七月二十一日生江夏籍南昌人壬午鄉試卅八
曾祖昇　祖碑　父伯器
三甲三十一名仕至兗州府知府

孫銑元涵詩四房甲子二月初十日生崇陽人戊子鄉試二十九
曾祖大用　祖綱　父可傳
二甲二十一名仕至臨安府知府

黃士吉岷嶽易三房己酉七月十五日生興國州人壬午鄉試四十四
曾祖典　祖欽　父凝清
二甲三十二名仕至工部員外貴州主考

、李之皞彝先書四房甲子九月二十六日生　人己卯鄉試二十九
曾祖鑾　祖宗信　父禹
二甲三十三名仕至四川參議

熊寅熊 詩五房戊午十二月廿五日生 籍新建人乙酉鄉試三十五
曾祖杰 祖炳 三甲四十三名 授婺源知縣
父睢

朱一龍 廣言 詩三房壬戌十二月廿五日生景陵人戊子鄉試三十一
曾祖貴 祖相 三甲一百二十七名 仕至吏部驗封司員外
父之屏

周之翰 景玉 詩二房甲子八月初七日生荊門人辛卯鄉試二十九
曾祖懷節 祖篇榮 二甲二十八名 仕至戶部郎中
父珀

柯維蓁 峴甯 詩一房丙寅九月初一日生襄陽護衛籍 人辛卯鄉試二十七
曾祖龍 祖潤 三甲二百一名 仕至四川副使
父貴奇

湯沐 鄢陵 詩五房丙寅七月十三日生安陸籍京山人壬子鄉試二十九
曾祖仕 祖立賢 三甲九十五名 仕至山西寧武道副使
父本華

黃騰芳 石埼 易一房 丙辰七月初八日生 應城人 壬午鄉試三十七
曾祖璜 祖彥明 三甲七十名 任至贛州知府
父朝相

余心純 葵明 禮記房 戊子九月初四日生 黃岡人 乙酉鄉試六十五
曾祖俊 祖青理 三甲二十三名 授南直懷寧知縣
父濤

吳士瑞 雲栽 禮記房 癸亥七月初六日生 黃岡人 壬午鄉試二十
曾祖永貴 祖鵬 二甲四十三名 任至四川副使
父欽

楊逢時 易一房 丁酉十月二十三日生 江陵人 丙子鄉試五十八
曾祖紫 祖廷秀 二甲二十七名 任至四川參政
父大治

袁宏道 六休 書二房 戊辰十二月初六日生 公安人 戊子鄉試三十五
曾祖瑛 祖大化 三甲九十二名 任至吏部驗封司郎中 陝西主考
父士瑜

田大年 眜 詩四房己未十一月初三日生荊州左衛籍江陵人壬午鄉試 三十四

曾祖舉 祖志堅 三甲八十八名仕至禮部儀制司郎中
父典

姜性 切家 詩四房丙寅五月初三日生巴陵人壬午鄉試 二十七

曾祖永 祖鎰 三甲一百六十九名仕至太僕寺少卿
父廷順

張存意 覺自 書一房戊午九月初二日生華容人戊子鄉試 三十五

曾祖廷維 祖應學 二甲三十一名仕至陝西按察使司
父海

張嘉言 宸應 易四房丙寅十二月初四日生湘潭人乙酉鄉試 二十九

曾祖思政 祖銓 三甲二百二名仕至工部營繕司郎中
父文學

李騰芳 四健 易三房戊辰五月初五日生湘潭人戊子鄉試 二十一

榮 祖紹都 三甲二百十四名仕至禮部左侍郎南京刑部尚書
手

蔡承甲 靖 易五房甲子五月初十日生攸縣人庚子鄉試 四十

曾祖岡倩　祖思[illegible]佳
父思佳

三甲二百九十五名仕至惠州府知府

江應科 祥雍 詩二房庚申二月二十日生桃源人乙酉鄉試 二十三

曾祖琛　祖百玉
父際條

三甲六十四名仕至四川提學僉事 四川主考

貴州主典國人本貴州
主考吳檝

楊正芳 惺陸 詩五房丙寅三月二十三日生黔陽人乙酉鄉試 二十七

曾祖林春　祖鵬
父再晃

三甲一百九十一名仕至保寧府知府

屈之秉 鍾湘 易一房丁卯二月二十一日生零陵人辛卯鄉試 二十六

曾祖永賓　祖儀
父良卿

三甲一百四十二名仕至工部員外

河南 二十三人

張鶴鳴 鳳皋 易一房丙戌會試己未九月廿六日生潁州人丙子鄉試 二十五

曾祖毅　祖春
父世良

三甲一百八十八名仕至工部尚書加太子太傅

張同德 明寰 詩五房己未九月初四日生祥符人丙子鄉試二十四
曾祖誠　祖德先
父恩
三甲五十五名仕至工科右給事中

孫敎化 太初 易四房乙丑六月二十三日生陳留人乙酉鄉試二十八
曾祖積　祖芳軍
父繼光
二甲二十名仕至遼東右參政

李來命 承松 詩五房戊午五月初七日生杞縣人戊子鄉試三十五
曾祖栢　祖東周
父益春
三甲一百九十八名授知縣

周六書 紀垂 禮記房甲子正月廿八日生延津人乙酉鄉試廿九
曾祖珍　祖定
父訓
三甲三十名仕至兵部郎中

李希呂 太宇 詩二房戊申十月十三日生蘭陽人丁卯鄉試四十五
曾祖應　祖銓
父仲芳
三甲一百三十二名仕至南京戶部郎

張寧寧載字書一房乙丑十月初六日生襄城人乙酉鄉試 二十六
曾祖俊　祖輔　二甲二百十七名仕至四川副使 叢有九許之多
父均助

宋一韓國田易一房甲子四月二十八日生陳州衛人乙酉鄉試 二十九
曾祖鎣　祖岫　三甲一百四十五名仕至兵科都給事中 山東參政
父桂

李維翰業慙詩三房壬戌十月二十五日生睢州人辛卯鄉試 三十一
曾祖本　祖良　三甲二百十五日仕至遼東巡撫
父俊

袁和卿岳書三房乙丑十月十一日生安陽人乙酉鄉試 二十八
曾祖旨　祖銲　三甲一百二十八名仕至山西副使
父國珍

楊性魯識字詩四房癸亥十二月二十五日生磁州人乙酉鄉試 二十
曾祖慶　祖坍　三甲八十二名授山西高平知縣
父來

喬光升 鶴卑 易一房 壬戌四月初一日生 孟津籍洛陽人 壬午鄉試 二十一
曾祖洪 祖佩 三甲一百三十六名仕至刑部尚書
父桐

何際可 海喬 詩三房 丙寅卅月十八日生 河南衛人 壬午鄉試 二十七
曾祖恒 祖永觀 三甲八十六名仕至東昌府知府
父器

徐守謙 滋滇 易三房 丙寅二月二十二日生 河南衛人 壬午鄉試 二十七
曾祖欣 祖忠 三甲二百七名授榆次知縣
父天福

陳民志 堂白 書三房 丙寅四月二十九日生 沁陽人 乙酉鄉試 二十七
曾祖鏜 祖安 三甲十三名仕至工部郎中
父庭訓

李雲鵠 黃林 詩四房 乙丑二月二十五日生 內鄉人 戊子鄉試 二十八
曾祖暇 祖宗木 三甲一百六名仕至浙江副使
父蔭

馬從龍監生易三房丙寅四月十五日生新蔡籍洛陽人戊子鄉試二十五歲

曾祖全　祖仲科

父晨　三甲六十五名仕至通政使司陝西□□

李之芳德響詩三房丙辰七月二十九日生西平人乙酉鄉試二十七歲

曾祖永昌　祖鉞

父盤　三甲二百六名仕至陝西副使

李克敬悉襄易五房巳丑會試辛酉二月十九日生西平人戊子鄉試二十六歲

曾祖紹　祖璘

父時正　三甲一百六十二名仕至江西參政

汪若霖齊襄易二房辛未八月十九日生光州人戊子鄉試二十二歲

曾祖日光　祖良金

父治　三甲四名仕至禮科右給事中

黃燭明襄書二房丙辰十月初三日生商城人辛卯鄉試二十七歲

曾祖櫆　祖科

父達　三甲九十九名授浙江平湖知縣

段猷顯用晴詩五房乙丑十一月十八日生商城人辛卯鄉試二十八歲
曾祖成　祖雲
父偉儒　二甲二十九名仕至山東按察使司

沈德之心閘詩四房乙丑正月十一日生商城人乙酉鄉試二十八歲
曾祖志龍　祖淳
必明　三甲六十三名仕至荊州府推官

山東二十九人

陳宁葵庵詩一房辛酉九月十六日生歷城人辛卯鄉試三十二歲
曾祖驕　祖世序
父大本　二甲四十一名仕至陝西副使

劉堯采遵主詩二房甲子四月初八日生歷城人辛卯鄉試二十九歲
曾祖緒　祖天民
父渝　三甲二十九名仕至戶部主事

穆〃淺桂昜易三房丁卯二月二十七日生歷城人戊子鄉試二十六歲
曾祖俊　祖乾
父伯時　二甲二十六名仕至稽勳司員外

張延登 華東 書二房 丙寅正月十四日生 鄒平人 辛卯鄉試 廿七歲

曾祖桂　祖仲經　父元

三甲八十二名　仕至都察院右都御史 浙江巡撫升兵部右侍郎 告病回籍 贈工部尚書

畢自嚴 景白 詩五房 己巳九月二十六日生 淄川人 戊子鄉試

曾祖𢚾　祖忠臣　父[illegible]

二甲二十一名　授松江府推官 歷刑部主事 工部郎中 淮徐參議 山西陝西參政 按察使 太僕寺少卿 天津巡撫 戶部右侍郎 右都御史 戶部尚書加太子[illegible]兼少保

蕭生汶 若涵 書二房 己未三月二十二日生 淄川人 乙酉鄉試 三十四歲

曾祖永祥　祖世廣　父經芳

三甲一百七十六名　授玉田知縣

張萬敬 坤銘 詩四房 甲子五月十九日生 新城人 己卯鄉試 二十九歲

曾祖嫄　祖剛　父光

三甲八十三名　仕至戶部主事

耿庭柏 □華 書一房 乙丑六月廿七日生 新城人 戊子鄉試 二十八歲

曾祖溫　祖鋒 霸州學正　父如杞 戊戌進士 陝西布政參議

三甲四十八名　仕至太常寺卿 太僕寺卿 升右僉都御史 浙江巡撫 贈太子少保 兵部右侍郎

王象晉 御冀 詩四房戊辰四月初六日生新城人戊子鄉試 二十五歲

曾祖麟 祖重光 父之輔

三甲一百九十六名仕至翰林院檢討

康丕揚 漢則 書一房庚申七月廿四日生陵縣人丙子鄉試 三十三歲

曾祖純 祖錫壽 父喆

三甲一百六十五名仕至山西巡按兩淮巡鹽

張問行 斷見 禮記房戊午四月十九日生湯信人壬午鄉試 三十五歲

曾祖鳳 祖選 父環

三甲一百二十五名仕至推官

楊槚 亨航 詩五房癸亥十二月二十二日生德州衛籍任邱人[illegible]鄉試 三十歲

曾祖儒 祖天祿 父偉

三甲九十七名仕至都水司郎中升參議

闞楊 吾明 春秋房乙丑十二月十四日生海豐人乙酉鄉試 二十八歲

曾祖和 祖宗惠 父直言

三甲五十七名行取山西道御史

葉敬恩 欽貫 書四房癸亥六月二十日生德州籍餘姚人乙酉鄉試二十歲

曾祖瑒 祖洪 三甲八十四名授山西陽城知縣

父從吾

潘榛 麓源 詩五房丁卯十一月二十二日生鄒縣人乙酉鄉試二十六歲

曾祖會 祖朝 三甲一百八十九名仕至山西副使

父鍈

張宗孔 河濱 書一房戊子六月十八日生滕縣人辛卯鄉試六十五

曾祖鄰 祖椿 二甲三十六名仕陞平陽府知府易州兵備 廣西左布

父鈺

武之大 建城 詩三房辛未九月初八日生東平人辛卯鄉試二十二歲

曾祖祥 祖卿 二甲八十一名仕至山西參政

父惟先

龐時雍 先封 書一房丙寅四月十八日生 人戊子鄉試二十七歲

曾祖鎡 祖棠 三甲一百三十八名仕至兵部主事廣東主考

父易

楊淵 崑源 易一房 己未十一月廿六日生 濟寧人 丙子鄉試 三十五歲

曾祖鳳 祖震 二甲七名 仕至河南徐淮道
父思仁

楊芳遠 紹谷 易五房 乙丑九月初五日生 汶上人 壬午鄉試 二十八歲

曾祖香 祖光中 三甲五十七名 仕至兵部主事
父儒

李本固 雲州 易一房 五月初一日生 臨清人 辛卯鄉試

曾祖浩 祖永年 三甲一百六十八名 仕至太僕寺少卿
父應中

余學夔 世澄 詩三房 戊午六月十二日生 濮州人 癸酉鄉試 三十六歲

曾祖淳 祖紹芳 三甲一百十六名 仕至順天府丞加太常寺卿
父正己

張三極 真城 詩二房 辛酉六月十一日生 臨清人 壬午鄉試 二十二歲

曾祖珍 祖森德 三甲一百十一名 兵部觀政授 知縣
父聯璧

貢士若曦趙

山東辛卯舉人全叔

壬辰四川司主

乃

張敷善 蓬棠 書四房甲寅三月二十一日生臨朐人辛卯鄉試 三十九歲

曾祖經 祖一中 父邦直

三甲一百二十二名戶部觀政十月授行人司

馬應龍 北溟 春秋房甲子十一月廿四日生安邱人辛卯鄉試 二十九歲

曾祖麒 祖忠 父文緯

三甲四十四名任至禮部郎中

馬從龍 見素 禮記房乙丑十二月初四日生安邱人乙酉鄉試 二十六歲

曾祖麒 祖忠 父文緯

三甲一百名任至[illegible]御史大理寺右寺丞

臧爾勸 右問 書三房戊辰八月初二日生諸城人戊子鄉試 二十五歲

曾祖果 祖恕 父雉

三甲三十九名任至寧夏巡撫升兵部左侍郎

王用謨 明吾 禮記房甲子十一月廿八日生萊陽人戊子鄉試 廿九歲

曾祖滸 祖宗儒 父九雒

三甲一百七十八名任至工部員外

潘國重 衡玉 詩二房己未十二月十六日生 濰縣人己卯鄉試 二十四歲

曾祖純 祖昂 三甲一百二名通政司政 十月授行人司行人
父賓

遼東

李景登 瀧川 春秋房辛酉十月初三日生廣寧衛籍益都人辛卯鄉試 三十二歲

曾祖紳 祖文 三甲一百十四名仕至户部郎中漢中府知府
父奎

山西二十一人

馬維騏 雅康 詩二房丙辰十一月初四日生陽曲人庚午鄉試 二十七歲

曾祖麐 祖宗遵 二甲四十七名仕至西安府知府升懷來副使
父鑰

鄭友周 毅軒 書四房戊午九月二十七日生定襄人辛卯鄉試 二十五歲

曾祖德鈺 祖梁 三甲一百八十四名仕至陝西參政
父東陽

石琳 崑山 書三房壬戌二月二十九日生忻州人戊子鄉試 二十一歲

曾祖政 祖景厚 三甲一百四十一名仕至南京户科給事中
父永徽

李梅本陽易一房癸亥十一月十七日生鎮西衛籍崞縣人乙酉鄉試三十歲
曾祖銳　祖輝民　三甲二十八名仕至陝西參政丁未致仕
父儲

王繇謝學易一房乙丑二月十四日生寧鄉人壬午鄉試二十八歲
曾祖子深　祖數　二甲十五名仕至永平道右參政
父弘化

朱繪初完書三房甲子十二月十三日生蒲州人己卯鄉試二十九歲
曾祖仲仁　祖廷穩　二甲三十八名觀禮部政授戶部主事升員外
父高代

史學遷林武春秋房丁卯九月十三日生襄城人辛卯鄉試二十六歲
曾祖　祖鈺　三甲九十四名行取雲南道湖廣巡按
父文利

韓嫃嵩象春秋房丙寅十月二十九日生蒲州籍泰州人戊子鄉試二十七歲
曾祖　祖　二甲十一名仕至吏部尚書武英殿大學士加少師兼太子太師己未主考
父烊

喬應甲儀我禮記房己未六月二十日生猗氏人戊子鄉試三十四歲

曾祖世卿 祖繼宗 父梓 三甲七十五名仕至陝西延撫右都御史

王國瑚珍吾易三房丁巳正月初二日生猗氏人癸酉鄉試三十六歲

曾祖有 祖守 父明德 三甲二百三十七名仕至延安副使光祿寺丞

景明中宇禮記房甲子正月二十六日生安邑人丙子鄉試二十九歲

曾祖奎 祖管 父東 三甲一百十一名仕至太常寺少卿提督四譯館

杜思望峻山易四房辛酉二月二十八日生猗氏人乙酉鄉試二十二歲

曾祖尚志 祖江 父宇寧 三甲三十名觀通政司政授文安知縣

曹于汴自貞春秋房甲子五月初十日生安邑人辛卯鄉試元二十九歲

曾祖玘 祖可民 父希舜 三甲十八名仕至吏部右侍郎都察院左副都御史

庚午秋舉田精 江雲濤

陶　登（重階）書二房己未五月二十二日生徐州人丙子鄉試　三十四歲
曾祖瑛兵部尚書贈少保　祖沐　父鋐
三甲二百三十名通政司政授齊東知縣

史　允中（心源）詩三房甲子十月十八日生大同人乙酉鄉試　二十九歲
曾祖奎　祖衛卿　父鈞
三甲四十九名仕至湖廣陝西參政

張　甫基（洪源）易四房乙丑四月初十日生大同人戊子鄉試　二十八歲
曾祖　祖應武　父炳
三甲二百二十名仕至浙江右布政使司

周　一格（白懷）禮記房戊午八月初四日生長治人壬午鄉試　三十五歲
曾祖景　祖倫　父欽
二甲三十四名仕至贛州府知府陝西副使

孫　居相（洪陽）易五房丁卯九月初九日生沁水縣人戊子鄉試　二十六歲
曾祖涵　祖廷禎　父震
三甲一百三十七名仕至陝西巡撫升戶部尚書

陝西 九人

張五典海虹 詩五房 甲子正月十七日生 沁水人 己卯鄉試 二十九歲
曾祖倫 祖縣光 三甲 名仕至兵部尚書贈太子太保
父寉

郭斛煥實吾 詩一房 癸亥七月初六日生 高平人 壬午鄉試 二十歲
曾祖鰲憧 祖鯤 三甲二百十一名仕至襄州府同知
父東

王家號畫銘 易五房 辛酉四月初一日生 陽城人 辛卯鄉試 二十二歲
曾祖寅 祖伴財 三甲四十一名吏部觀政授涇陽知縣
父芳

梁隆吉字積 易四房 壬戌十一月初九日生 長安人 丙子鄉試 三十一歲
曾祖會 祖井 三甲一百十八名仕至懷慶府知府
父棟

趙之翰蓋 書四房 甲子十月二十三日生 徐州人 己卯鄉試 二十九歲
曾祖文 祖德林 三甲一百五十五名仕至河南道御史
父元

薛　芳心亭　春秋房癸卯六月十四日生韓城人辛卯鄉試　五十歲
曾祖興　祖于玉
父三長　三甲二百三十三名仕至太常寺少卿

張養才樂吾　詩四房癸亥二月初四日生同州人己卯鄉試　三十歲
曾祖純　祖邦寧
父源潔　三甲一百六十名仕至太常寺少卿

蔡雲鶴鳴宇　易四房丁巳正月二十九日生三原人辛卯鄉試　三十六歲
曾祖復性　祖恕
父約　三甲十七名仕至四川廣西參政

怡　愉慕溪　詩四房乙丑三月十二日生涇陽人乙酉鄉試　二十八歲
曾祖濃　祖文昇
父際斐　三甲十二名仕至兵部主事

劉九經頤吾　詩三房丁卯十一月初六日生鄠縣人壬午鄉試　二十六歲
曾祖秉常　祖守正
父達　三甲一百五十三名行取山東道御史

四川二十人

、王

闞溥（樸庵）詩房 丙寅二月十八日生 隴州人 辛卯鄉試 會試一百三十五名未廷試 廿五歲

曾祖佑 祖鍔 乙未三甲一百二十九名 觀刑部政
父司清

趙邦清（所說）詩二房 戊午五月十三日生 真寧人 辛卯鄉試 三十五歲

曾祖文智 祖孟陽 三甲一百五十名 任至川北道左參議 因陝後違義 準七百前忠孫寺御史巡按
父應科

喻（華山）詩五房 己未三月二十日生 華陰人 丙子鄉試 己丑會試 三十歲

曾祖德昂 祖純 三甲二百三十九名 授河南新野知縣
父文翰

趙可教（心軒）詩三房 己丑會試 癸巳正月初四日生 溫江人 戊子鄉試 六十二歲

曾祖高里 祖本俊 三甲七十七名 任至貴州左布政使司
父試

周仲士（純所）書一房 丙寅十二月十七日生 仁壽籍三原人 戊子鄉試 二十七歲

曾祖兆 祖顯 三甲九十六名 任至刑部主事
父以庠

王大舍 字六 書二房戊辰三月初七日生什邡人辛卯鄉試 二十五歲
曾祖翔 祖本監
父雄 乙丑進士御史
三甲六十名仕至真定府知府雲南主考

岳虞詢 四門 書四房辛酉二月十五日生南江人壬午鄉試 三十二歲
曾祖瑤翔 祖東
父一麟
三甲二百七名刑政觀政授 知縣

杜日章 錦章 易五房戊午十一月初六日生南充人壬午鄉試 三十五歲
曾祖沛 祖仲芳
父成人
三甲七十七名仕至工部郎中貴州副府

黃煇 續軒 易三房丙寅九月二十六日生南充人壬午鄉試 二十七歲
曾祖銳 祖中
父子元
二甲二十四名仕至山東按察使司 丁酉福建主考

楊松年 林龍 禮記房戊辰三月十九日生南充籍西充人戊子鄉試 二十五歲
曾祖拱 祖應祥
父沂 戊辰進士知府
二甲四十六名仕至南京光祿寺卿贈兵部侍郎

張聯奎狀宇詩四房乙丑四月十六日生富順人辛卯鄉試 二十八歲
曾祖　祖繼和　三甲一百九十四名仕至平涼知府升陝西副使
父可名
錢秉恩震宇詩四房丙寅正月十九日生富順人戊子鄉試 二十七歲
曾祖金瑞　祖榮　二甲二十名都察院觀政授常德府推官
父惠畬
何起升本江書三房丙寅六月二十六日生富順人辛卯鄉試 二十七歲
曾祖璮　祖注　三甲一百三十名仕至湖廣副使
父永允
范岷棠念湖詩二房戊辰十月二十七日生富順人辛卯鄉試 二十五歲
曾祖普時　祖巡　會試一百二十一名未廷試辛
父懋和貴州參政
鄧廷彥念勳易二房戊辰四月二十八日生巴縣人辛卯鄉試 二十五歲
曾祖俊　祖加表　三甲九十名仕至戶科給事中
父良臣

倪斯蕙周甫易四房己巳七月初五日生巴縣人壬午鄉試二十四歲

曾祖岳 祖軒
父復光 三甲四十名任至南京戶部左侍郎 河南主考

敖如龍我虛春秋房戊午五月廿九日生江津人癸酉鄉試三十五歲

曾祖國柱 祖貴
父聖器 三甲一百十六名任至河南右參政加升副使

卞永憲惟銘春秋房丙寅二月初十日生江津人乙酉鄉試二十七歲

曾祖仲弘 祖易
父化龍 三甲一百二十九名任至湖廣右參政 河南主考

李作舟頎三易一房丙寅二月二十五日生合州人辛卯鄉試二十七歲 山西主考

曾祖茂材 祖進
父有知 二甲二十五名任至山東右布政使司

熊應占忠倩詩五房甲子正月二十七日生隆昌人己卯鄉試二十九歲

曾祖高泰 祖勳之
父炳 二甲二百三十四名任至陝西左布政使司

不五人

余自強誠吾詩一房丙寅七月廿八日生銅梁人辛卯鄉試二十七歲

曾祖瑚　祖騰漢　父秦　三甲一百九十名仕至延綏巡撫右僉都御史

鄧維穎仲華詩一房己丑會試甲子四月十四日生巫山人己卯科鄉試二十九

曾祖鴉　祖志明　父幹　三甲九十一名仕至臨江知府雲南副使

何熊祥　詩四房庚午十二月十八日生新會人戊子鄉試二十三歲

曾祖安　祖昂　父上新　三甲五十二名改庶吉士授浙江道御史巡按宣大大理寺正卿刑部侍郎右僉都御史南京吏部尚書

梁民相餘會詩四房己丑會試壬戌十月初九日生　人　鄉試三十歲

曾祖里仁　祖維年　父遷　二甲　右觀刑部政授　知縣

張朝世吉鳳易四房己丑會試己未十二月初二日生新會人　鄉試三十一歲

曾祖文鑑　祖允彤　父瑞月　三甲一百六十六名通政司政授連江知縣

李延大 保赤 詩四房 己未十月初六日生 樂昌人 壬午鄉試 三十[illegible]歲

曾祖宇 祖璧 父楫 三甲一百八十五名 仕至湖廣參政

陳元勳 熙鵬 詩二房 癸亥四月十二日生 澄海人 丙子鄉試 三十歲

曾祖朝洪 祖御成 父忠英 三甲一百四十名 仕至戶部主事

蔣之秀 鍾岳 詩三房 乙未十二月二十九日生 全州人 乙卯鄉試 三十[illegible]歲

曾祖德 祖澈 父鎰 三甲一百名 仕至戶部郎中 刑西道右參政 雲南主考

廣西 六人

雲南 五人

大學士三人 一宮保
尚書十五人 四宮保
都御史一人
侍郎十人
通政使四人

太僕卿九人
大理卿三人 丞一人
太常卿七人
光祿卿二人
鴻臚六人

給事八人
御史八人
翰林六人
郎中十八人
順天丞一人
員外十人

中書一人
行人四人
博士一人
主事二十六人 一主考

總督一人
巡撫七人
督學一人
知縣二十八人

布政十四人
按察六人
運司一人

巡道六十六人
知府十八人
推官六人

知州一人
同知五人
通判一人

直隷貳十四人

錦衣籍三人
大興一人
大城 元城各一人

晉寧衛一人
遵化一人
通 定
霸 冀州各一人
滄 深

上海欽縣各三人

撫山衛一人
肅寧一人
長垣 肥鄉
南樂 定興各一人
邯鄲
灤 長州各一人
河

餘三人未詳

江南（蘇州）五十二人

武進華亭各四人
崑山 金壇
長洲 江陰 婺源
吳江 無錫 懷寧各二人
丹陽 宣城
休寧 涇縣

會試錄序

萬曆二十九年當會試天下士禮部右侍郎臣朱國祚以

考試官

請

上命臣琦臣朝節往入闈三試之還

制額得士三百人錄其文以

獻臣當序首簡臣頃從冢宰後大計群吏靡所短長事甫竣

復有禮闈之役竊自念課吏不能考其成程士不能正其

始是兩弊也蓋文體之敝至此歲極矣功令條格不啻詳

復士胡背馳至此或謂

二百餘年道化蒸蒸比于虞漢古人具氣磅礴揚詡發為人

文不能自止勢不得不備焉以示包羅務以見博蓋氣運使然非人力也臣以為氣運何常人心為之耳九賓之席必不唱鞮語九奏之懸必不入韃靡乃今取六籍遺言而強傅以竺乾柱下之說割裂淫句無能景響于彼矧其曰緣飾于此且以

高皇帝神聖兼總條貫至風厲學官齊壹統類萃萬世之耳目而懸之一鵠獨禀於紫陽之訓詁夫宋儒之訓詁豈必千慮無一失然而

王制也即今為之新說者豈必千慮無一得然而非

王制也

先王所是著為令士安得倡異說以自弛于維結之外乎臣與

諸臣奉
詔旨取士即明與諸士約離經旨棄傳註參用釋老者皆置之
令既具壹意棄尺幅從事而諸士習詭異者且數[illegible]合故
步而從臣一日之約宜不能盡雅馴臣亦士耳寧不相體
其文醇亟收之醇而不能無小瑕亦收之然而上駟當中
駟矣其在繩墨之外即絕塵而奔棄不錄此非臣負士士
負臣非負臣負
王制也歐陽修知舉黜劉幾豈不惜才所惜者體耳臣才識
駑下不及修遠甚爲
國家惜文體兼爲士惜心術意乃不後于修然而退人易耳
進人難士即退更端以進未嘗人人復收適以成之進而不

效未操刀而使割適壞之矣臣又嘆天下才士甚盛文不
逮古人才吏甚盛治不逮古人議論甚盛識不逮古人功
能甚盛眞心憂
國不逮古人總之病坐浮耳文之浮臣等能正之過此以往
在士所自處矣士自鄉校與計偕至對公車費
國家供億不可勝紀一對千
廷百僚稱賀榮次素定他途無敢望豈不亦國士遇我卽能
一官效一職度其事曾不足稱餼廩而何論報若次及于
事內不顧身外不顧誹與眞心爲
國家遠謨出死力衛
社稷乃可言報稱耳今夫合海內爲一舟而

上與臣共操之安則同其利危則共其敗人臣一心爲

國家計亦以自爲也士能以自爲之心爲

國計則不浮矣合衆心以圖事蔑不晰矣合衆力任之蔑不

勝矣頃臣引古誼策士士具道所以紬繙對亡窮者此亦

足稱先資已及試於事能眞以古人自期待者幾人與人

約而忘之僭有諾責與己約而忘之謂此心何夫士有國

士臣有

社稷臣業以國士遇我而不能爲

國家遠謀出死力衛

社稷則何取於士即文體正矣亦何益乎

臣等所爲正文體者誠欲得正人報

國家顧臣等所爲者止此耳過此以往在士所自處矣是能役也同考試則庶子臣文獻贊善臣如砥修撰臣之蕃編修臣士龍臣渭臣景堯臣體仁檢討臣如游臣用光臣延禧臣承祚臣師聖都給事中臣先春臣應文給事中臣士昌郎中臣主敬員外郎臣士英臣瓚監試則御史臣盤臣永清而譏防闈外者則御史臣嚴一鵬臣姚思仁例得備書

通議大夫吏部右侍郎兼翰林院侍讀學士馮琦謹序

考試官

通議大夫吏部右侍郎兼翰林院侍讀學士馮　琦　用韞山東臨朐縣人 丁丑進士

正議大夫資治尹禮部右侍郎兼翰林院侍讀學士掌院事曾朝節　直卿湖廣臨武縣人 丁丑進士

同考試官

左春坊左庶子兼翰林院侍讀唐文獻　元徵直隸華亭縣人 丙戌進士

左春坊左贊善兼翰林院檢討周如砥　季平山東即墨縣人 己丑進士

翰林院修撰承務郎朱之蕃　元介南京錦衣衛籍山東茌平縣人 乙未進士

翰林院編修文林郎鄧士龍　將化江西南昌縣人 乙未進士

翰林院編修承事郎郭淐　原仲河南新鄉縣人 乙未進士

翰林院編修承事郎邵景堯　肥臣浙江象山縣人 戊戌進士

翰林院編修温體仁　長卿浙江烏程縣人 戊戌進士

翰林院檢討徵仕郎孫如游 宗文浙江餘姚縣人 乙未進士

翰林院檢討從仕郎趙用光 □□山西河津縣人 乙未進士

翰林院檢討徵仕郎朱延禧 允修山東聊城縣人 乙未進士

翰林院檢討高承祚 元錫直隸華亭縣人 乙未進士

翰林院檢討趙師聖 元睿江西南豐縣人 戊戌進士

文林郎兵科都給事中侯先春 元甫直隸無錫縣人 庚辰進士

文林郎刑科都給事中楊應文 子修直隸無錫縣人 己丑進士

文林郎禮科給事中王士昌 永叔江西新建縣籍浙江臨海縣人丙戌進士

承直郎吏部考功清吏司署員外郎事主事周士英 元□直隸□武進縣人 壬辰進士

承德郎兵部職方清吏司署郎中事主事張主敬 □□直隸柏鄉縣人 癸未進士

承德郎工部虞衡清吏司署員外郎事主事胡瓚 伯玉直隸桐城縣人 乙未進士

中式舉人三百名

許獬 同安縣人 易 王衡 太倉州人 春秋

●商國祚 會稽縣人 詩 潘汝楨 桐城縣人 禮記

吳亮 武進縣人 書 劉是 南昌縣人 詩

○鄭以偉 廣信府人 書 蕭丁泰 漢陽縣人 春秋

周士顯 京山縣人 易 曹珍 青州府人 詩

陳勲 閩縣人 易 尹遂祈 東莞縣人 書

周師旦 應城縣人 易 王倫昌 武進縣人 詩

王繼賢 長興縣人 書 莊毓慶 惠安縣人 詩

羅憲凱 豐城縣人 易 徐縉芳 晉江縣人 易

董光宏 寧波府人 易 王圭 文安縣人 詩

李朴　朝邑縣人　易　陳宗契　衡州府人　詩
俞誨　仙遊縣人　書　郭燁　新城縣諭　詩
明達　內江縣人　春秋　龍負圖　昌黎縣人　詩
楊鍾英　長泰縣人　書　王道成　蘭州人　禮記
劉永澄　寶應縣人　易　張所望　松江府人　詩
蔣一驄　餘姚縣人　書　彭惟成　廬陵縣人　易
傅淑訓　孝感縣人　春秋　呂純如　吳江縣人　易
張旃　濱州人　禮記　茅瑞徵　歸安縣人　書
張以誠　青浦縣人　詩　沈自彰　順天府人　易
袁子讓　郴州人　禮記　熊化　清江縣人　詩
葛錫璠　崑山縣人　易　眭石　鎮江府人　書

曾六德 浦城縣人 詩 周之龍 湘潭縣人 易
周永春 金鄉縣人 書 文在茲 三水縣人 詩
何琪枝 崑山縣人 易 陳玉輝 惠安縣人 詩
康元積 衡山縣人 春秋 詹捷科 澠池縣人 易
張九德 慈谿縣人 詩 譚昌言 嘉興縣人 書
陳學繼 都昌縣人 詩、公鼐 蒙陰縣人 易
韓孫愛 慈谿縣人 詩 孫原 即墨縣人 禮記
○吳宗達 武進縣人 詩 吉人 長治縣人 易
劉文琦 西充縣人 詩 蔡善繼 烏程縣人 書
吳邦相 仁和縣人 易 陳士蘭 同安縣人 詩
陳一元 福州府人 春秋 姚履素 嘉定縣諭 書

丁天毓　常州府人　易　魏雲中　武鄉縣人　詩
江世東　歙縣人　書　李標　鄞縣人　易
徐如翰　上虞縣人　詩　張鳳翔　堂邑縣人　春秋
莊三才　蕭山縣人　書　徐應登　餘姚縣人　易
蘇民瞻　武定州人　詩　項鼎鉉　秀水縣人　書
劉文煥　光州人　詩　李徵儀　廣德州人　禮記
南居益　渭南縣人　易　楊師孔　貴州衛人　詩
孫光裕　嘉興縣人　書　崔淐　太平府人　易
吳光義　無爲州人　詩　○周起元　海澄縣人　易
錢策　無爲州人　詩　△薛貞　韓城縣人　春秋
周應偁　吳江縣人　書　熊劒化　豐城縣人　詩

李鍾元　京山縣人　易、瞿汝説　常熟縣人　詩
吳澄時　無錫縣人　書　戴章甫　潼川州人　易
趙世祿　鄞縣人　禮記　曹璉　青州府人　詩
張廷拱　同安縣人　易　勞永嘉　崇德縣人　詩
陸玄錫　仁和縣人　易○王三善　永城縣人　詩
王羲民　江陰縣人　書　錢象坤　會稽縣人　春秋
屈允高　閿鄉縣人　易　陶鴻儒　新野縣人　詩
蔡立敬　晉江縣人　易　蔡宗禹　漳浦縣人　詩
張南翀　秀水縣人　書　薛三省　定海縣人　詩
於倫　黃州府人　禮記　王德坤　烏程縣人　易
袁汝萃　石首縣人　書　葉秉敬　西安縣人　詩

趙士諤 吳江縣人 易 馮盛典 嘉善縣人 書

曾用升 海陽縣人 詩 王世德 永康縣人 春秋

朱世昌 曲靖軍民府人 易○張至發 淄川縣人 詩

彭端吾 夏邑縣人 易 黃景星 莆田縣人 書

黃建衷 麻城縣人 易 王思善 黃陂縣人 詩

諸允修 仁和縣人 禮記 李養家 陽城縣人 易

張居方 平和縣人 詩 李條素 錢塘縣人 易

曾可前 石首縣人 書 周延光 蘄水縣人 易

焦馨 章丘縣人 詩 彭宗孟 海鹽縣人 書

李守俊 宜興縣人 春秋 張士俊 猗氏縣人 詩

劉宗周 會稽縣人 易 余玉節 大冶縣人 詩

王好善　寶坻縣人　書　陳一教　宜興縣人　書
解經傳　韓城縣人　禮記　夏其光　新建縣人　詩
姚會嘉　會稽縣人　易　熊明遇　進賢縣人　詩
毛維駒　薊州人　書　陳伯友　濟寧州人　易
史起龍　象山縣人　詩　裴棟　蔚州人　春秋
宋槃　樂陵縣人　易　徐待聘　常熟縣人　詩
朱萬春　無為州人　易　宋燾　泰安州人　書
趙良相　衡州府人　詩　徐鏌　吳縣人　易
顏欲章　安福縣人　春秋　林鳳鳴　青浦縣人　書
王鍾岱　濮州人　詩　徐大用　青陽縣諭　易
魏珩如　蒲圻縣人　詩　石維屏　陵縣人　書

林日所 海澄縣人 詩　陸典 崇德縣人 易

徐鑒 豐城縣人 禮記　姚汝化 太倉州人 詩

曹光德 黃岡縣人 書　潘珙 南海縣人 詩

郭一鶚 吉安府人 易　林宰 漳浦縣人 詩

文立縉 全州人 書　陳經正 藍山縣諭 易

劉廣生 羅山縣人 春秋　陳孔教 萊州府人 詩

華士嶟 烏程縣人 易　李枝秀 肥鄉縣人 詩

蔣光源 晉江縣人 書　田一甲 絳州人 詩

張國維 吳縣人 禮記　張閏 南溪縣人 易

馮奕垣 南海縣人 詩　陳名岳 興化縣人 書

葛寅亮 杭州府人 易　潘濬 廣州府人 詩

陳　陛　夏邑縣人　易　房　楠　錦衣衛人　春秋
謝應祥　安福縣人　書　崔　燾　平度州人　詩
楊世勲　江陵縣人　易　李時彥　上元縣人　詩
韓萬象　太原縣人　書　吳道長　星子縣人　易
吳一栻　淳安縣人　春秋　劉　俊　商城縣人　詩
郭尚友　濰縣人　書　楊日森　貴池縣人　詩
李偁昌　崑山縣人　易　趙興邦　高邑縣人　詩
胡世賞　合州人　易　汪同謙　黃州府人　禮記
萬時俊　安邑縣人　書　張之厚　應城縣人　易
蔡聚奎　溧陽縣人　詩　譚　煒　從化縣人　易
王　霖　祥符縣人　詩　王浮敬　確山縣人　易

李一敬　華陽縣人　春秋　王訓　南昌縣人　詩
洪佐聖　歙縣人　書　余文龍　古田縣人　詩
劉澤深　扶溝縣人　易　許鼎臣　固始縣人　詩
解經雅　韓城縣人　禮記　張廷薦　秀水縣人　書
劉策　武定州人　易　馮時俊　慈谿縣人　詩
楊世增　蒲州人　書　龍遇奇　永寧縣人　易
程大猷　遷安縣人　詩　周應期　蘄水縣人　易
姚鏞　陽曲縣人　春秋　田一井　安州人　詩
聶元翰　竹溪縣人　書　徐穆　銅仁縣人　易
李為瀛　江津縣人　詩　盧維屏　太原府人　書
趙建德　即墨縣人　春秋　陳訏謨　長樂縣人　詩

王世仁 長洲縣人 易 李喬岱 洋縣人 詩
邵邦燿 錦衣衛人 書 孫振基 潼關衛人 易
雷思霈 夷陵州人 詩 王雲龍 襄垣縣人 易
宋名世 商丘縣人 禮記 張篤敬 扶溝縣人 詩
錢天佩 嘉善縣人 書 王復興 鄆城縣人 易
程啓南 武鄉縣人 詩 曾汝召 龍南縣人 易
侯正鵠 鄆城縣人 詩 姬之策 濮州人 書
何其義 瓊山縣人 春秋 陳必傳 洛陽縣人 易
張問明 壽光縣人 詩 潘允中 保山縣人 書
徐禎稷 華亭縣人 詩 董元儒 紹興縣人 易
耿橘 瀋陽中衛人 詩 何士林 富順縣人 書

吳光翰　永嘉縣人　詩　高金體　臨安縣人　禮記
程汝繼　婺源縣人　易○何廷魁　威遠衛人　詩
王基洪　襄垣縣人　易　姚若水　安慶府人　書
趙日亨　安寧州人　詩　王文邁　順天府人　易
高鍇　觀城縣諭　書　張爾木　鄆城縣人　詩
孫毓英　遼州人　春秋　梁從興　南海縣人　易
楊州鶴　濬縣人　書　王時熙　南昌縣人　詩
徐良棟　上虞縣人　易　楊成喬　當塗縣人　詩
王繼祀　歸安縣人　書　駱任重　墊江縣人　易
胡行知　濰縣人　詩　鄭鄂　廣安州人　禮記
朱周業　陽信縣人　易　高捷　淄川縣人　詩

曹昕　冠縣人　書　莊祖誥　成都後衛人　易
濮□春　宣城縣人　詩　汪起鳳　吳縣人　書
程子鏊　歙縣人　詩　陳鎮　東莞縣人　春秋
杜承式　濱州人　書、莊欽鄰　泉州府人　易
陳廷謨　大寧都司人　詩　楊聯芳　南靖縣人　易
袁懋謙　豐城縣人　詩、汪煇　嵩縣人　書
曾應祭　海澄縣人　易　○蔡毅中　光州人　禮記
梁州彥　固始縣人　詩　李夢祥　泉州府人　易
晉承寵　洪洞縣人　詩　張光房　澤州人　書
施重光　振武衛人　詩　翟師雍　襄陵縣人　易
姚之蘭　桐城縣人　春秋　陳翊龍　富順縣人　詩

王道平 高苑縣人 書 吳襲 內江縣人 詩

王遠宜 霸州人 易 孫體元 濱州人 書

王九敘 肅寧縣人 詩 ○王之寀 朝邑縣人 易

孟希孔 蒲州人 書 徐逢聘 蓬萊縣人 易

梁一龍 襄陵縣人 禮記 陳顯道 銅梁縣人 易

楊述程 富順縣人 詩 梅友月 黎平府人 書

張綸音 朝邑縣人 易 高節 祥符縣人 禮記

闞守箴 夏邑縣人 易 王世寧 信易州人 書

第壹場

四書畏聖人之言

君子畏及于聖言而心亦密矣夫聖人之言心所寄也君子以心承之而敢不畏歟且夫道可嘿契亦有明徵非言無由尋非畏無由入君子之畏非但天命大人而已又有見于畏聖人之言者焉蓋聖雖既往矣緒言未絕亘千古而如新言亦無奇耳與義無窮歷終身而不盡君子雖厚自防制而意所欲為不能無自恕惟準諸法言則真非真是界限甚嚴必有矍然動色斤斤不敢失尺寸者君子雖黙自檢點而念所自起未必其常惺惟恐以微言則人心道心幾微不爽必有竦然惕慮兢兢不敢於毫髮者取聖人之言質吾今日之事則其合者必多言之往

今而驗之百世之下吾何敢不畏取吾今日之事符諸聖人之言則其合者必少得之載籍而失之口耳之前吾何敢不畏蓋因文章聞性道而言即為見聖之階以恂慄為道學而畏即為入聖之路君子之畏聖言與畏天命大人何異哉而心亦寄矣雖然聖人亦豈有高論聖言即邇言耳聖言即無所不包邇言則合之成聖故為君子則畏聖言為聖人則好邇言畏則君子好則大智言之不可忽也如是夫

庸德之行庸言之謹有所不足不敢不勉有餘不敢盡

君子為道于庸而其功不敢忽焉蓋庸德庸言非遠人也而有餘不足則遠矣為道者其可忽哉中庸意謂天下惟常道易為耳然人人以為易則人人難矣子臣弟友可不謂庸哉夫庸則

之至矣庸則已不可能矣循此以立德修一行始為一行之得
也衆皆忽之我是務行焉循此以立言輕一言即為一言之失
也衆皆易之我是務謹焉未嘗行之安見其不足行之而始知
不足也則以全力鼓其情志而百倍不嫌過勇蓋不足之端于
心必有獨覺其歉者雖欲不勉而心不敢已未嘗謹之安見其
有餘謹之而後知有餘也則以内歛制其外馳而三緘不嫌過
怯蓋有餘之端於心必有獨覺其浮者雖欲盡而心不敢已以
歛華就實操其制言行之心以敏行慎言盡其依中庸之事君
子為道不遠人如此哉嗟夫道之散也始于不庸然古之為隱
怪者直不庸耳猶自有言行也後世言不可知則幾無行矣夫
使人人託于自然之聖人而無復有擇善固執之學術則聖人

所為行且謹者何為哉而中庸之旨晦矣

是心足以王矣

大賢直指心量而識王道之易也夫愛物之心甚微也而以致王不難人奈何不自識其真心哉孟子告齊王曰欲王天下當究有王天下之心是心也人主時時見之苦不自知耳王以愛牛之心為微乎臣以為足以王矣以四境啼號之眾不足以慱吾王罪已之言而此一物獨惻惻也一物在心內則萬物不在心外可知以全齊蹙額之民不足以易吾王鐘鼓之樂而此一念獨殷殷也一念隨取而足則萬念隨取而足可知人心常靈則痛癢常相關人之所以觸而能覺叩而能應者惟此心也蓋於人見之而識天地之情焉人心常通則脈絡常相屬世之所以

分而能合渙而能萃者惟此心也蓋於一腔而滿帝王之量焉
天下矣圓于心之真機可以之生而致死可以之死而致生天
下莫大于心之真體可以隔堂下為萬里可以羅萬里為堂下
彼士庶者清明之氣乍囘尚能于斧斤戕伐之餘培人心之雨
露而君人者生殺之機一轉豈不能于造化剝窮之後還宇宙
之太和孰謂是心也而不足王哉抑愛牛之心猶善機也至于
好色好貨而孟子亦以為可王皆乘其所明而入夫君以明為
牖臣以誠為牖陳善則邪自閑引君之法備是矣

易　時止則止時行則行動靜不失其時其道光明

論止之道妙于時也夫止因時而止道光焉此可以識止之義
乎且萬化寂移而心體自湛惟無成心所以安厥止耳蓋止者

止于心也靈明之官秉氣機以旋轉大虛之宰超應感而獨存時止則與之止夜氣幾希而生意斂焉時行則與之行天心初動而真機運焉止不離乎時動靜推遷陰陽且禪代矣時不倚乎一動靜不失太極皆全體矣一動一靜時為君無心秉化淵乎萬物之鏡焉時動時靜止為的主靜立極廓乎神明之牖焉道之光明何如信乎止之義微矣論迭運則止秉于動靜論歸宿則動靜定于止兩忘而聽于時變化而涵于一艮止有餘蘊耶夫易以生生得名則艮豈膠于靜者第行之非止易知而止之非止難知知止非止者可以語真止則知艮者乾坤闔闢之門戶矣

子曰君子居其室出其言善則千里之外應之況其邇者

乎居其室出其言不善則千里之外違之況其邇者乎聖人繹孚爻决言之所感異焉夫言皆根于心而應違異矣曷不擬于孚爻乎且言有一出而交相和者主于必然速于不期然此亦有天機召焉不獨鶴鳴之諧也夫言不能覆而匿之則必聞于人人將還而揣之則必符于言故君子居其室如言載孚于出而為善歟孚以作孚千里應之邇可知也聯其應之神而應者猶為迹耳如言載偽以出而不善歟偽以召偽千里違之邇可知也倡其違之勢而違者猶主和耳心心相示示于無聲有獨聞之響聲聲相附附于合聽昭衆論之公此以知言不可掩也千里司契安得強違以為應居室肇端正可轉偽而為誠繹中孚之義君子慎言哉乃有厭其違而樂于莫違則違之

滋瀆箝之側目矣惡人聞己而并惡己之自聞豈不謬哉故與其面從也寧違

書　無曠庶官

大臣終知人之謨而致嚴于得人焉盖治亂在庶官也匪人進而官曠矣烏可哉臯陶終知人之謨若曰帝王躬修雖茂猶嚴慎簡盖天下可一人操不可一人理也今之時稽古建官闢門求賢乃人主自為萬幾計耳但幾萬而官庶容有得百君子未必致理進一小人反足階亂若官庶而知獨容有極意明揚未獲俊彥稍弛殉灼遂濫惡德若是曠也不可也當思設官分職非尸位素餐之資而度德因能竭克知殉見之哲有人則實制不曠耳苟人不稱官官不任事縱羔鴈成群其於休采象單

猶之乎虛而無寄而甚媿濟濟之稱矣人存政舉舉斯不備凡
苟賢皆勿用用者勿賢縱茅茹彙征其於展錯奚補猶之乎廢
而不舉而良負師師之盛矣試思俊乂盈庭既欲逸于壬人何
可不勞于得人帝載奮庸方收建官之利何可反滋瘝官之弊
是在帝念之矣雖然無官工曠厥官事生民之蠹又苦于多故
紕政並行在官濫也故曰不惟其官惟其人

夙夜罔或不勤不矜細行終累大德爲山九仞功虧一簣

允廸茲生民保厥居惟乃世王

大臣以勤規君而勤之以效焉夫德成于勤也誠爲保居世王
計則允廸不容已矣召公告武王曰凡物不足以福子孫利黎
民則君不寶焉明王慎德見及此耳今王之意豈不謂生民安

緒矣子孫帝王萬世之業亦振矣即或不勤無足為累矣不知自古長治久安之朝必由勤而成而自古積德累行之主不擇時而勤其夙夜罔或不勤乎敬勝怠僅隔一介也惟起念一敬不必操之以勝怠而怠者自消焉義勝欲猶在兩持也惟幾微一義不必持之以勝欲而欲者自化焉則勤之心即矜之心而矜乎細者即以成其大也不然細行不矜則大德終累其弊與一簣虧九仞者等而可乎哉其必廸之乎廸則能勤矣其必允廸之乎允廸則夙夜無不勤矣王心無欲則民不苦征求而永清以來所為有寧居者至是而始保焉恬澹開基則後不糜軌物而大定以來所為貽後人休者至是而始世焉乃知不勤非獨今日失燹之而且隳及前業允廸則非獨今日蒙安也而且

裕及後昆王可或不勤哉然當時武王固未嘗受獒也即受之以風示四夷豈遽損至德而太保戒之若恒主然固忠臣防微深意也後世外寧內憂之說得其旨

許謨定命

詩論治體有以圖其大者有以要其成者蓋始事在謀成事在令而不訏且定其如治體何武公自儆曰人主患不廣大而莫先于謨朝政患不畫一而莫急于命方其未議令則先以謀謨成而事象之即刱以石畫猶難慮始先自狹小何以能大吾以為天下國家之事當以天下國家之度出之考衷于盈庭而不執己見運籌于經國而不為身謀大君立規模而屈群策其闊大自當如此何者一得之效易狃萬全之慮難圖見小而疎大

計此違國體者所為懼也及其既成謨則著為令上令而下供之即持以雄斷猶難考成先自疑貳何以能一吾以為天下國家之令當使天下國家之人守之以申命則取諸巽而不淆于所可以決事則取諸夬而必定于一尊大君堅金石而信四時其疑重自宜如此何者國論之紛紜難一人情之觀望易生驚疑而搖獨斷此持國體者所為憂也要之博採于衆乃可以昌其大布令于一乃可以要其成此謨與命之體乎抑謨令豈有二也惟計謨則可據以為定若小計則衆智相譁衆心相忤其始也上亦自執為定而無奈天下起而搖之則其執以為定者乃不足之尤也

天命降監下民有嚴不僭不濫不敢怠遑命于下國封建

厥福商邑翼翼四方之極赫赫厥聲濯濯厥靈壽考且寧
以保我後生
商王以畏民得天而垂休遠矣蓋封建之福天實命之然非畏民以得天而垂休何以遠哉頌高宗者曰中興之主其事業大其心必小彼其俯仰天人之間誠不見其可以自肆者我商宗以天命有赫無日不臨鑒于天之子天鑒靡常無日不寄命于天子之民則下民其嚴乎嚴之以無私之政無敢僭濫焉嚴之以無逸之心無敢怠遑焉天固鑒斯民之有主也是以命下國而建厥福也吾見大君成一統之尊王畿立四方之極凡環向商邑者皆頌明天子而聲赫赫矣凡朝宗商邑者皆畏明天子而靈濯濯矣天人交與之後保定固而歷年必多于外禔福之

朝夕道成而貽謀必遠蓋保天下即以保其身也保其身即以保子孫也是福也天寔封建之而孰非畏民所貽哉抑詩以不僭不濫並稱而說者謂殷人先罰後賞何耶倘所謂法行則知恩者乎夫惠施之及民必其身被之也刑賞不必盡身被之當則服不當則否旁覩之民公論出焉而天亦若聽之嗚呼嚴哉

春秋　冬齊人來歸衛俘　莊公六年

春秋特絕致賂而惡端驗矣此見五國之助朔端為一俘耳罪可勝誅哉嘗按納朔之事而深異之弊亂不衷姦命罔赦智愚明不聞焉而五國竟悍然弗顧其心已喪矣志已失矣迷惑終不解矣第未有以驗其端耳及逆朔入而衛事定齊人歸而寵賂章然後旣然嘆曰夫是區區者乃其動于惡乎不要言于始

何以責償于會不五國共其勞何以齊人分其獲是向者以彼爲細涓涓而孰知夫非納朔納其賂吾利者也向者以彼爲拒王官而孰知夫非拒王官拒其來吾利者也利之所溺則以一之耳目心志不能持智之既昏則人之是非可否不復顧勢有固然曷足怪焉嗚呼誰無君臣誰無兄弟人之好利誰不如我若皆以行賂勸貳而可以濟事尤而效之其又何誅聖人深懼之以爲不書歸俘則其罪雖顯而其端尚隱書歸俘則其端始驗而其罪益彰傳所謂結正諸侯之罪者是已抑莊襄之不爲人也君子奚責焉獨後此齊桓伐衛而亦取賂還何也安在其假義乎噫徇利之漸人春秋謹所從來矣

秋宋人齊人邾人伐郳 莊公十有五年

十有二月公圍成

公至自圍成　定公十有二年

兩即兵事而見霸功王道之有待焉夫桓之未得先宋而孔之不能墮成時為之耳大哉時乎德與力各以其量乘焉雖有伯略不能不藉人心雖有聖神不能不藉政柄桓之主盟壯杏也伯業炳也郕之伐何猶下宋其時天下當升降之會與者半不與者亦半勢足以兩相抗挾與者之半以服不與者之半不相下也不如徐而待其自服越二十七年盡得天下之勢然後講國降心以相從而匡周之績著焉此英雄鼓舞收拾之微權如此孔子之攝相東魯也聖化神與成之圍何以不克其時國家當積衰之運君子思振起小人亦思沮之權足以兩相衡持君子之正以屈小人之不正必相須也不如徐而待其自屈越明

年始專魯國之政然後兹人俛首以就戮而變魯之功著焉蓋王道施為緩急之次第如此要之德力者藉也時者尤藉之藉也使得時而駕焉桓不足言孔子其為東周乎然桓卒志霸得霸而夫子志王不王夫春秋者正桓文之時也得其時則伯不得其時則不王信乎聖人之不能為時也

禮記　禮也者理之不可易者也

禮以理作則易禮者非矣夫理制之禮則其體定矣夫孰得而易之嘗謂夫禮先王以型範天下使就吾理耳理有不適先王豈能強人然使人聽其使先王亦何用為禮故原禮之本體而禮可識也夫禮何為者從理制者也理附禮以出若天之所主而人權焉禮載理而行實人之所揆而天定焉同節之禮直從

天理中受名受數而一成經制體段遂井井有條質文煩簡自各安其位而不爭矣率隆之典直從天理中成象成形而一者章程矩矱遂秩秩有定小大顯微亦各止其所而不亂矣理根于性其枝分派別原自有分界而況制之為禮則分界非虛有確然不可易者在故天下之耳目手足各有所寄而不得以私增減禮作于聖其經曲等殺原自有品節而況本之于理則品節非迹有所以不可易者在故天下之精神志慮各有所域而不得以意紛更吁此定體也用禮者宜知所裁矣竊怪夫議禮者至以摘僻當之而指為亂首遂蕩閑踰檢而以不易者為詬病曰鼻烏知禮意則禮之訾而高曠之過也然亦卒何能外焉夫然後而知[illegible]也慮是矣

子曰為上可望而知也為下可述而志也則君不疑於其

臣而臣不惑於其君矣尹吉曰惟尹躬及湯咸有壹德

君臣相與以誠于古有徵矣夫君誠于馭臣而臣以誠報則君臣合矣即尹吉所稱曷加焉嘗謂世之所最患者莫大乎主任術而下匿其意術則封己以示不可測而匿則懷私以諂上于是百相伺百相虞也欲以幾一德之風遠矣必也君不忍威懾術御而披情愫以示之則坦夷之衷昭然可孚于堂陛臣亦不敢受直怠事而失忠貞以効之則勛庸之著爛然可勤于旂常夫君之疑于臣以下之苟祿而職不修也乃可述若是復何所疑焉而不推誠信以待臣臣之惑于君以吾之勤官而君不信也乃可知若是又何所惑焉而不竭功能以報主腹心手足聯

為一身天降地隮蒸為一氣有味乎咸有一德之言也德則非
迹壹則非貳咸有之則湯無所疑于尹而尹無所惑于湯休哉
明良之盛際乎可為後世之君臣法矣噫商廷之幣相望有莘
而後尹起而任天下之重彼其心誠有以相信相重非苟而已
假令上疑其臣一切棄不任任而或有以間之即尹且不至至
亦無能效尺寸已然則奕世而下稽泰運于殷固湯德懋也

第貳場

論　王者以天下為家

王道猶天也居天下之厚利而我無私握天下之至計而民愈
親之夫愈親者民不貳也無私者主自得也主自得民不貳是
王者所以為大家也蓋天下莫不有家亦莫不營家積家為天

下析天下爲家筭數譬喻之所不及而王者獨寄家于天下之上都其尊而友其大則其道不可以私天之無私萬物酧焉而不辭而萬物則天之萬物也王者之無私百姓寄生焉而不窮而百姓則君之百姓也故王者未嘗不爲家也爲之而無以爲也爲之而有以爲則益上或恐損下聚財或恐散人而利之所蘖邪害之所起爲之而無以爲則何嗇何豐何彼何此夫是皆吾家也損益聚散之權在我而已是故既生之復受之以節既斂之復通之以施生而不侈節而不嗇斂而不居施而不德此王者之家政所以通于天道也善乎司馬氏之言曰王者以天下爲家夫家不同矣匹夫指擔石爲家爾進此有家闔闠者有家都鄙者有家方隅者其巨細廣狹至無無等要其畛域皆有限

其槩量有數則宜乎不出其封而王者然乎哉詩云普天之下莫非王土天之所有則皆王者有之天下人之所有則皆王者有之試觀萬物露生于天壤間一山一澤一草一木天無利焉但見夫日照月臨雲行雨施露滋風動日有所與于天下而不見其所取而其究何一山澤一草木之非天是故天無私而萬物莫不親之則亦天之所以自為家也王者為天之子代天守蔵則亦奉順天明隆施天澤以致養天民其自視天壤間欲安欲懷欲富欲壽者誰非吾人生之育之長之畜之者誰非吾事既作既復既富既穀者誰非吾財亦復何豐嗇彼此于吾一家中夫匹夫擔石之智其不足為吾家計也决矣假有中智而修素封之業則必不挈瓶而守之必有徵貴賤權子母而行者矣

則必不腫僨以伍夢餘之以有主作亞旅家督餘子陳股肱而
自相為者矣則必不能逆取而汰耗之必有布衣帛冠要束以
自庸者矣王者曰吾為天下主伯而寧出中智下吾以數觀之
可以知家之贏詘吾以事觀之可以知家之情偽吾以道觀之
可以知家之本末有稅黍稷牽車牛以服勤吾家者亦必有偷
無事而鼠雀耗者是故或利吾藏在稅䆉或利在倉廩或利在
田野而自主人視之則其在稅䆉也無以異其倉廩也其在倉
廩無以異其田野也而徒以東支西乞甲侵乙食增折閱耗敗
之虞彼其始寧不亦䦧官師之漏羨剝閭井之朘脂指原數之
名構纖嗇之纖瀏曰彼屬盡自為其家也莫若以吾家人掌
之而孰知夫挈稅之守有限而僕妾之耗無窮吾家督餘子推

膚浚血朝夕不謙旦旦以備書之窮蹙者不給而猶曰所得孰
與衆多也若是則乎取予限而能謂人已乎則不乃以一金颸
裂而與衆爭而主所自為家計者拙也是故總天下為家人與
天下為家政會天下之通以制用量天下之出以詔入規疆理
表淳鹵原隰衍沃之所自生而與衆公之王家無私出也緒農
[illegible]工業游惰訓卒旅匠家無私民也九賦有待九式有用王家
無私幣也五玉三帛庭實旅百薦來而厚報王家無私賂也土
五色金三品官受方物廿人掌其地而為之禁王家無私求也
行所生而不修故其家無溢蝕之患有所節而不嗇故其家無
底滯之患有所斂而不居故其家無睥睨寇攘之患有所施而
不德故其家無釁孽量稿詢參公罵郤之患此四患者去而王者

安然措其家于天下之上吾外天下無家天下非吾無家吾使天下人有其家吾乃曠然成為一大家故曰問國之富數地以對問大夫之富數馬以對問士之富數車以對問庶人之富數畜以對則未有問王者之富者何哉富有天下悉數之不能終其物是故王者不問有無多寡天下亦不問而知王者之豊亨豫大以天下知之也故以京師為室三輔為堂奥諸夏為門户四夷為藩籬非虚加之也其氣量固足以包舉其血脉固足以流通其綱紐固足以繫縻而貨財固足以保贍王者舉八荒盡如我卧榻之側如撫嬰兒不待其啼號而乳哺之而天下亦熙熙然蕩蕩然都無貸力為巳之私家舍慈母之恩人奉嚴君之教故曰我無私而人愈親之此王者之所為天道也雖然廣

大之與節儉異用而同歸嗇之與汰侈異弊而同流故三代盛王稱能家天下率自儉德作則而法莫備于周官彼其九職任民九貢致賦綜覈度置盡宰臣領之天子不問焉他如彤管銀鐶之序閽寺掃除之隸酒漿醯醢籩豆衆饌之物而一切統之于宰何哉以為人情所易廣肆恒始諸飲食衣服而財貨得自由則侈心易萌婦寺朝夕左右或先意而逢之或後事而長之其弊使人主知有家不知有天下其禍使人主忘天下并忘其家是故挈而與之宰宰者上所師保而以嚴見憚者也宰不敢以天下財快人主之欲人主不敢骫宰法以開天下封靡之端宰之法得行于婦寺而婦寺不得間以私人主之家計宮府一體出入以七以九所以防太侈即所以塞利竇也蓋三代盛王

約其身以寧家道率如此自漢以大司農奏天下財賦而少府水衡卑主上供而家與天下始分德宗瓊林大盈之藏則幾乘天下以自為家乃至愈汰侈亦愈悉推而宣索愈無厭至勅諸道勿令宰相知也嗚呼是何外天下之深而自視其家狹耶說者不能無遺恨于李長源之盡輸二十萬大盈也曰是調停之過夫李長源不能得之于貞元而司馬氏能得之于元祐亦自其時乎然而宋家元氣所剝喪于新法者已不少矣故人主善自為家者必使家相得操吾之利權而人臣家事視國者必能使宗子謹守祖宗之家法此又以天下為家之本術也

表

擬唐命翰林學士陸贄條奏當今切務贄對剔陳否泰損益以對上褒納之謝表　建中四年

建中四年某月某日翰林學士臣贄伏蒙
訪問當今切務臣謹條奏引易否泰損益四卦以對隨蒙
聖諭褒其懇切盡忠臣謹奉表稱
謝併陳餘悃者伏以
虛懷天啓屢
清問于時艱
睿度海涵
鑒朴忠于古訓道既上行而下濟時方小往而大來何圖羲畫
之甫陳遂覩虞門之再闢臣贄誠惶誠恐稽首頓首竊惟
人情者國家之命脈言路者上下之樞機自古興衰撥亂
之君必以賞鑒納言為[illegible]當無妄釁起有戎

行宮之千氣雖新近前之好矜撫眷卿區日馭手挽天河新數也
社稷叨違罪已日浹灑雲霄念臣久待鑾坡頗祭寮議近隨龍
興三欣瞻
蹕松曉戎機特壓
咨詢俾陳切要久媿格心之益敢披苦口之詞原夫君臣堂
陛之交關乎往復乎陂之故昔胡以亂由上下之弗違今
若為興在尊卑之款洽請觀易卦可識治機乾上則否名
坤上則泰名詎可居尊而忘賤自損者益至自益者損至
唯當約己以裕人通塞在心道交則鬱情自暢滿謙由己
內治則外侮全銷故否泰即受以有之同人而損益受次
于蹇之方解宜蓍龜于四卦用江海乎萬派方今世運猶

屯物情尚壅疑人復待任人復疑實事不聞聞事不實成
繇徧厭家懸實罄之嗟榷稅横征人抱露根之怨欲霈
德音而安下土宜恢
聖度以御群材從來治日少而亂日多大略君易驕而臣易諂
未必皆由于昏懦蓋亦半出于强明
睿察太精則白黑反淆于億度
聖斷過速恐蒼黃未盡其機宜將令小醜之匿情剿致重臣之
懼禍始終難保反側易生兵不戢而民益苦兵寇未平而
人將為寇欲求偃革何憚改弦請當數對群臣廣諮庶務
以握髮吐餐之懇惻濟
宵衣旰食之勞勤方偽拜言法易攻過猜防既微彌彰曠蕩之

恩誹謗死容即是謳歌之路蟒忱反覆雖自竭乎一心螢照希
攸覩何裨下
四目乃承
慈旨忽
賜俞音茲蓋伏遇
○○○○
天縱英姿
神資偉略
嚴綜百辟思澂濁以揚清
威制四方欲勝殘以去殺勞民還中澤之鴈異物郤西旅之
獒憤梗戾之稽誅將廓清之立決否終泰至已知天與人

歸損極益生猶舁、

主憂臣辱既垂

咨訪敢後箴規自披瀝血之誠恐致嬰鱗之怒何期

疏續俯採蒭蕘亮剴拂之無他翻嘉懷切謂敷陳之有據過許

盡忠蔚非不遺

咳唾自九天而下堂簾雖遠

精神已一日而孚臣德謝中行才非大受解衣而

賜未能身佩安危借箸以籌徒自心懷饑渴繆承

溫諭具悉

沖懷俯濡推一以及餘感矜愚而取直人之欲善誰不如臣將鳴

鳩爭劾共猬縮何梟獍能逃于鼎俎再唯

勑深督群臣氣肅凜霜詞嚴揭日臣辱
知獨最受責宜先緣臣子有未能自信之心致
君父有失在推誠之悔方喜心之到極俄悲涕之横流恨無力
之可陳忍懷情而不盡靜念君臣之共治僉云心膂之相
須本自貫通有何嫌忌必鳴和真同鶴子庶乎誠可及豚
魚若一體而兩心將九閽其萬里且推誠者君之所易敢
諫者臣之所難下既能犯所難以自布其悃誠上可無行
所易以自成其廣大在軒墀尚不相喻即宇宙何由自通
請思貞觀之休風必以求言爲盛節豈務魏略無將順而
文皇偏好善言盡言有違而便于行故迹若乖而周于事繇茲
以治則春來徵若開元反是必危即爲弘道爲天寶無論

遠稽于累代自宜近鑒乎
三宗盖臣主之貴一心猶神氣之周百體稍滯即爲美疢治療
何必禁方主能忘忌諱以聽醫藥即用尋常而取効肯從
人諫得一言亦可興邦竟怙已非書諸卦徒爲猶象伏願
恢張大度務同日月之明
兼籙微長益廣乾坤之量
輔陰陽于同志
酌消息以悅民艱貞當往復之交于食有福動巽適盈虛之
會其道大光
求善無遺自致十朋之錫
取民有制共遵二簋之宜熙經龍圖[illegible]但恢

祖宗之略榮河、溫洛矜、將效羲禹之禎臣無任瞻
天仰
聖激切屏營之至謹奉
表稱
謝以
聞

第叁場

第　問禮樂出自天子威福操之維辟帝王所以總乾綱而御
太實著略可覩已乃舜咨四岳周命六官則又不專獨
任而急任人何歟法家者流如版法揚權諸篇主于操
威柄懸法術駕御群臣而盡其力其於帝王總攬之道

亦有相近者否歟三代以後英明之主有勵精為治綜
覈名實者有糾糾雄斷不任三公者有強明自任猜疑
臣下者有延英奏對盡屏左右者其得失可指而言歟
太祖高皇帝罷中書省分任六卿事皆
朝廷總之見於
祖訓者可考已
皇上明燭群情威行四裔一切幾務斷自
宸衷公卿百執事凜凜受成而已
英氣雄略可得而揚厲之歟宋臣勸其主收攬大權歸之獨斷
而以兼聽為先獨則非兼兼則非獨獨與兼不其兩妨
與夫君無二柄當合而操之于一朝有庶官當分而責

之于衆若總攬而可以兼委任委任而以成其總攬
道而可歟諸士其悉意陳之
人主不可以不攬權權由人主出也握而不出則其握必
不固握不固而代操之釁生人主欲攬權又不可以不任
人人也者奉君權而致行之者也出而無奉則其出必不
繼出不繼而旁溢之釁萌夫惟聰明聖哲之主獨秉乾剛
審持大寶以無私之至誠得委任之至公以委任之至公
成總攬之至斷是故不委權亦不吝權其爲之臣者不操
權亦不避權當事不使其無權亦無一事得移權任人不
疑其有權亦無一人敢侵權語原五禮六樂自天子出出
者其源而其委固可知也書稱嚮用五福威用六極而皆

曰維辟作之作者造命其有共命者可知也歷選帝王若堯咨四岳周命六官皆以急任人而成功未有違衆而獨任者則其衆也乃所以為獨也衆人之勞一人之逸也其與也乃所以為取也與人以事柄取人以功力也其委任也乃所以為總攬也能委然後有可總之具能總而後不失所委之權也彼其有一事建一官任一人事有大小官有崇卑而權有輕重舉而曆之明而試之成而省之何嘗有秋毫介介疑于其臣之不盡力懸一術一格以持其後者哉有疑而後御之以法御之以法必有法所不及防者任法而復猜之以意猜之以意必有意所不必中者是攻管之叛云指歸于獨斷其言喜無以賞怒無以殺者不

可易也然非操術之機過峻矣韓之揚權篤說于委任其言事在四方要在中央者不可易也然而防姦之意太苛矣以此衡諸帝王則忠信之薄而惆疑之首然以此用于輓近循刑賞之約而名實之符大抵刑名權事之不能相離也而君臣上下不能不相御也御之以道德則為帝為王御之以法術則為霸御之以威嚴則為疆徵獨法家者流雖三宗七制之主號稱英明者往往以霸王道雜之孝宣綜覈名實疑于斷矣而外有許史之憑內啓恭顯之漸則不能斷光武不任三公疑于斷矣而粉飾藉郅惲之諫恕遲回成東海之崇讓則不能斷德宗強明自任猜疑臣下疑于斷矣至受欺于盧杞趙贊則不能斷宣宗延英奏

對叢脞者亦難乎斷矣乃委心乎本末倚其歸長等則不
能斷是四者者當年無優游之名每事有操持之意豈其
當斷者而反不斷哉蓋其所斷者乃一事揣摩之意見兩
非有深遠之慮則心思有所注忽有所遺而天下之至計
訏謨反疎而不省其欲斷者乃一時操縱之機權而不移
聰明之實則耳目有所開必有所蔽而萬世之成法永利
反隔而不聞故或僅爾易世而不免開大業乎數世之餘
或止乎及身而不免叢脞者乎一身之後是皆獨任而不
任人其任人也又任法而不任道謂之自攬權可矣而不
可謂之能總攬也能總攬者則必如我
皇帝之制而後可伏讀

祖訓國家設九列分理天下庶務事皆
朝廷總之夫庶務
朝廷之庶務也六曹
朝廷之六曹也庶務繁般不能獨任不得其人則不理而六
曹顓頊不能相壓不得其總則亦不理故必
朝廷任之而後
朝廷之臣子有職詳之權亦必臣子任之
朝廷得總之而後
朝廷有執要之權何也權附乎事事附乎人權也者無形而
難據之物也闔國之事柄以爲轉移視人之精神以爲舉
廢如必倚一人之精神而幹萬事則精神有一事不徹而就

此一事已無權如此盡收天下之事柄以自為則事柄有一時不操而就此一時已失權權不能無所寄執于鼓掌之間而玩弄之則必失之耳目之前弛于把握之勞而不自覺則或竊之肘腋之近故使中制者躬尸其事一一皆須厝意又不能不時壓朽索之防使當局者人効其官則斷斷明乎無他而上乃得獨握太阿之柄此

高皇帝所以以衆為獨以與為取以委任為總攬至要樞也他

日

諭侍臣有曰舉大器者不可以獨運居大業者不可以獨成人

君欲弘其德惟當廣覽兼聽博達群情其

諭部院諸臣有司自古君臣本同一體君獨任則臣職廢臣不

任則君事勞大哉王言豈惟開誠布公置赤心于下亦且
運臂使指握本統于上有帝王之無私而更得委任之制
無輓近之挾數而獨操總攬之權二百年來表著肅清蠹
無伏莽嬖幸斬蘖旋就芟鋤豈直
累朝聲靈寔寵受之蓋由
高皇帝精神法度計畫周而聲靈遠也
皇上明燭群情威行四裔西平靈夏東靖島夷南指而逮擒桀
銜壯向而名王頓顙武功既競隸氓凜凜于顏行文法具
嚴官司斤斤于禀奉有仰成而無擅議有重發而無錯貸
有稽賞而無逸罰有意制而無扞禦威風雄略微獨下陋
漢唐諸君雖古稱禮樂自出威福惟辟者不是過已乃愚

猶有挾為太平之策不但屢屢揚厲而已者
上之初年躬勵萬幾聰明時接于臣下而上封事者以獨斷為
言至于今日
宋居靜攝群工希覯于照臨而奏公車者多兼聽之說此其說
皆是也在今日之急務莫若兼用兩言而定其衷盖宋臣
崔與之勸其主收攬大權歸之獨斷而曰獨斷莫先于兼
聽請因是而畢其說夫所貴于斷者崇體要也故上有其
權而不必有其事事在下也下有其事而不敢有其美美
在上也若不稽百司之職不考大府之憲使人人受成說
于上則人臣甚逸人主甚勞當其勞而倦勤或以明作而
反開窺伺之漸日弛而澗不獨舉廉近而堂不獨高臣職

輕而國體不獨重舊憲然而新令不獨伸則何若使人各守其官各守其法以兼聽為總攬而操柄可持也所貴于斷者廣忠益也效謀者多躬戚者乃益大分猷者衆獨握者乃益尊若議論不歸諫官政務不歸九列人人保寵祿于下虞其不入而遂不言始以不言而遂不任當其不任之極則以激切而反成委靡之漸未事化而為靜聽當事化而為調停調停不得化而為將順將順不得化而為旁觀何若用天下之耳目助聽明用天下之心思共謀議以兼聽為總攬而忠讜可勸也所貴于斷者嚴綜覈也然必下先有可覈之實而後上得以行其覈之之權乃若下未有定品而上先有成心未見其為賢先疑其為不肖一

疑其為不肖必不信其為賢靡靡者恐其飾事而見欺皎
皎者恐其乘賢而杆上使賢者不得不隱其賢之迹而不
肖者益生其不肖之心臧否益淆形影益詭則何若使大
小各伸其用賢否各呈其狀以兼聽為總攬而名實可綜
也所貴于斷者持權衡也然上所執者惟有理與法而下
所習者兼及情與事見理矣而事之虛實猶隔垣一方也
則理與事不相符見法矣而情之曲直猶隔門萬里也則
情與法不相中上執其理與法惟見下之不從下執其情
與事惟見上之不入故以獻替之衷而成從違之迹以匡
正之迹而開離邊之端則何若使下陳其虛實而我以理
决之下明其曲直而我以法裁之以兼聽為總攬而輕重

可平也所貴于斷者防壅蔽也然明蔽我以事難而陰移
我以意易始以偶然者取爲小信而後以必不然者飾其
大欺如水易浸則甘詞先入似汗不反則苦口難投不知
我之嗔喜乃因激發而生而彼之從臾乃候慘舒而入則
何若示寰海以大信付廷議于至公以兼聽爲總攬而阻
格可通也所貴于斷者杜窺伺也然我之不見不聞無窮
而天下之衆耳衆目難掩有言而知其不入其所由不入
者有先入矣有事而示以不測其所爲不測者已可測矣
使公忠爲國者徘徊于聲迹之外而多端罔上者閃鑠于
影響之間爲我一端彼人百竇相引相煽轉伺轉工則何
若開衆正之門塗群枉之隙以兼聽爲總攬而姦慝可懲

也大抵人君御物固必有所不可測者以行權亦必有可
信者以持權不可測者以為天之雨風露雷之流行而可
信者以為天之寒暑晝夜之順序向使秋生春殺冬雷夏
氷霄明晝晦盡易其貞觀之運而日以風霆之權摶擊于
霄壤間則萬物不能以一日安其性命之情而況于人君
乎況于群臣百姓乎伏惟
明主操謀斷之用審兼獨之權考覽漢唐得失之林嘉本唐周
任人之治一奉
高皇明訓人有委任事有責成六卿皆得效于朝而兆民相與
和于野又何帝主上治之不可幾禮樂威福之不自已而
詹詹版洪湯權足辱羽扒

問孔子曰守道不如守官則當官者詎不以職守為兢兢
乎故韓侯無致典冠之罪晉臣不專出竟之功如緯之
不恤庖之是代失等瞯聞古有守官者符璽之重郎官
守之資糧之徽轉運拒之神策有罪而京兆執法封駁
失職而銀臺投劾有不使官守者宰相不對錢穀執法
不稽案牘中書不敢兼樞密之謀議大將不敢對官吏
之善否其人其事可縷指歟夫釐工熙績位事建官帝
王致治千古同揆晚近攝官則侵官侵官則曠官無乃
官與守不相蒙而侵與曠轉相乘歟夫天下若多事而上
欲省官或一人兼數事而未收一事之功或一官擬數
人而未獲一人之用其失安在語曰雖有挈瓶之智守

不假器假則干局外爲侵而局以內曠矣蓋分十銓而
事分于禮部宋設四選而權歸于審官吳兢畢仲游之
說得徵有可思者歟茲欲各率爾職無遠官謗當以何
道諸士各以意對

治天下者使事得官官得人兩相得而天下治矣人而責
之以職則可使之精于局以內因而縻之以職則可使之
不溢于局以外跂而欲奮者不至窘束于不內不外之間
以自若則賢者之才盡倦而欲弛者不至還就于若內若
外之間以自便則不賢者之才亦盡此帝載所以咸熙庶
績所以其凝者也孔子曰守道不如守官夫道以業官官
以事道然而守道者士之所自制也守官者非官之所得

自制也上假之也蓋官制之詳莫如周周官二千二百有下而其總在冢宰官以任事為職宰以任人為職其分也如手持足行耳聽目視各能其官不稱曠焉其合也如手足不能為視聽耳目不能為持行各止其官不稱侵焉若夫因曠而得侵以侵而代曠則功有所借而名有所覆矣事有所蒙而情有所諉矣韓昭侯猶知典冠者侵官之罪甚乎寒欒黶猶知出淖者離局之姦甚于功倘亦有周官之意乎是以守官者不妨過勇霍光夜索符璽而符璽郎不肯與李光弼索資糧于轉運而穆寧不應柳公綽為京兆尹以法杖神策校尉不以聞呂公著為銀臺封還除目不得職自投劾以去此數臣者寧不知顧慮易迕容多福也

然深堅而不能奪者以為守官而得罪賢于不守官而無罪也不使官者不妨過慎陳平相也不篝錢穀杜淹執法也不稽案牘呂夷簡為中書不兼樞密之謀議曹彬為大將不對官吏之善否此數人者又非其識闇其材薄也然逡巡而不敢居者以為侵官而有功不如不侵官而無失也繇斯以譚治天下如治田也有疆理則治如治木也有規矩則治各得其理各循其矩我不自曠而侵人人亦不自曠而侵我人人不侵人人不曠天下竟治矣

國家官制大類周官百司絲分碁布于下六曹綱提領挈于上而執銓者考其成二百年來以功罪隨官守以賞罰隨功罪藥行尊而不玩體勢一而不棼神明靜而不渫斯亦

官方之極盛已而遡者乃袮稱誇于往昔若見以為有事
而無官有官而無人官與人兩不相得而其弊遂獨受之
國家之事試觀六曹之總職而立者幾何人交戟之間簪筆
而侍者幾何人四方之樹屛而居負斧而出者幾何人窺
其户閴其無人者何官之署也印纍纍綬若若并力而交
鶩者何氏之職守也而一時奉檄之臣被檄之吏獨不能
徼如天之福以奉
明恩而光清舉人之待官如女之待年官之望人類農之望歲
鬱而不暢約結奈何且今天下事非臧者也日益月新千
變萬紛視
祖宗建官之時何啻數倍事日受其有餘之勢而官不恤其不

足之情非所以爲乎也不務寬賒文法俾得優然展布其
四體而壹意裁損事權令焦然若不能以終日此不可以
爲適也得無以官爲群臣之官而事爲群臣之事耶不然
者則量群臣太淺以爲有官亦治無官亦治也視官職太
易以爲備員亦辦不備員亦辦也於是偶有所暫虛以聽
之浸假而暫之且以爲常矣于是時有所旁寄以攝之浸假
而寄乃以爲真矣主爵補牘而請不得公車交章而爭不
得直謂是可固然而無變計而不知事未可卒省則官亦
何可久虛也虛則不得不攝攝則不得不侵侵之還復爲
曠請得而悉數之今夫事固有分曹而煩簡各爲政者官
缺而以將代煩既滋潰以須兼簡又滋紛也此侵在職掌

有一曹丙長貳同為政者官省而以下攝上既虞僭以上
攝下又虞褻也此其侵在事權夫惟無侵侵則一人而畫
員畫方難以兩工一事而自謀自斷何以兩濟如是則資
力有所絀焉而曠御物而似新似故吏不畏則玩生操事
而疑主疑賓政常浮而弊積如是則觀望有所損焉而曠
己之官而人將代之必不更為謀始更為慮終人之官而
使己代之必不代人任勞代人任怨如是則責任有所諉
焉而曠甫推則有釋擔負之心而兼有希榮進之心不報
則有嘆留滯之心而兼有憂意外之心如是則意念有所
分焉而曠上叢襍而界之下叢襍而効之上浮游而與之
下浮游而處之責以見在且跳而他曹責以他曹又匿而

見在如是則實曠而名不曠上不能周積薪之勞不得不以詞色借之下不能銷轉石之歎不得不以名法寬之賞以功疑而薄罰因賞格而輕如是則實曠而不能誅以曠夫先王之以事傅官以官傅人亦惟是逆用人情之快然勃然者於方新豫遏其弛然廢然者于未倦而令必待新者已故故者已倦羈縻勉强而用之逡巡三鼓之餘刃傷其手而不能割弩衰于末而不能遠藉諉事之口灰任事之心成玩愒之虛文隳綜覈之實政從此始矣執事曰一人兼數事而未收一事之功愚以為惟人兼數事所以不收一事之功也執事曰一官擬數人而未獲一人之用愚以為惟一官擬數人所以不獲一人之用也夫官公家之

官也事公家之事也以人舉官以官任事端委于上而責
成功于下各效其所知各舉其所勝此亦
主上之公利非人臣之私德也而顧操不然之疑行必然之意
其以使之侵且曠也奈何執說者謂數年以前天下士氣
驟張有爭于職外者故惡其侵而務困之以不暇侵夫欲
困之以所不暇侵則莫若使之不曠以政本還六部隨責
之以六部以風議還臺省隨責之以臺省以激揚還監司
隨責之以監司以拊循還郡縣隨責之以郡縣其人無當
于官寧顯黜其人不以薄其人而并曠其官也其官無當
于事寧量汰其官必不有其官而使不得其官也彼反而
顧其職之內吾朝有考夕有虞更暇越俎而治否又旁而

眖職之外朝各有考夕各有處尚有未治之俎待我而治
否語曰雖有挈瓶之智守不假器以為人之器則金玉而
瓦注之以為已之器則瓦石而金注之以為一人之器則
緘縢而失之以為天下人之器則道路而存之故夫職也
者侵官之糾纆也即曠官之砭石也今奈何惡人侵而反
使人不得不侵惡人曠而反使人不得不曠乎夫非獨人
為侵也即用人者亦稍侵矣非獨任事者曠也即任任事
者亦多曠矣唐分十銓而使禮部蘇頲等判之已復欲稱
制臨決而吳兢以為非體宋設左右選而歸重于審官院
畀仲游以為當選而假他官制之名隷尚書而事在他局
不可以為後世法今日之事得無有類此者乎使當其官

者不任而任其事者非官職業既非所經功過又無可責怠當其任而衆委之各行其意以聽于不可知人恡其權而人凝之旁啓其途以俟于不可詰以此而冀官與人之相得不亦難乎嗟嗟其侵與曠則略與唐宋同矣然而昔之臨決在軒墀白日之下令跂而望之虎豹九關之內也向猶以上與下易器而操所憂在體統今則上與下幾無所操所憂并在威福也始也人廢則職虛而不能重繼也職輕則權去而不能留下之權去矣五官之計不能日聽而悉覽也一弛則吾遂不知權之所歸區區一官之侵與曠又其細矣

問古稱諫有五直爲下而復咨咨于萬乘之尊臣不亦諷

與真兼直歟夫弼君之遺非直何以乃有謂欲道行于君者其詞婉欲名高于世者其詞訐又有謂諷施于明而不害于直直施于闇而無事于諷果爲論歟後世進言于君有不先事而强聒不後事而失機未問不言則必當其可者有對客終日未嘗言人主之非封事數十上皆削其草而外人不知者有遇事不便屏人進言備極痛切至其主不忍聽聞而終善遇之者有時進逆耳氣色和順使人主中懷已盡而不能不從者有諫幸東都但請徐加修葺而車駕遂止有申救遷謫但言其親老而人主以爲愛我者此數者皆人所難言言所難入而諸君子獨得之皮所爲回天悟主者操何策歟孔

子論事君而歸之勿欺後儒亦謂正直本于忠誠則不詭本于諫諍則絞切由此言之顧誠與不誠何如耳直與諷勿論矣頗折衷著于篇

天下之患莫大于上下相疑而上下相疑始于不信之形日積夫所謂不信之形者何也上有所欲託而下以法繩之而下不能無私愛則不信上有所欲急而下以法緩之而下不能無私憎則不信論人不能無過辭其言當則疑在被言者之人而人輕其言不當則疑在言事者之言而言輕論事不能無過計言不中則曰事固未有是而以相恐耳言而中則曰彼固利有是而以自實耳意有出于相軋既疑其傾排而厭之事有出于同然又疑其比周而抑

之小臣原不足疑加衆焉則疑其黨大臣原不必疑託權焉則疑其專不言既疑其易與有言又疑其難近未事而言既疑其窺伺已事而言又疑其阻撓人主操成心以待曰是將然矣已而其下果然而不信之端啓矣人臣操若言以進曰是且必然人主曰必不然已而事或不然而不信之心固矣言以直而譏勢不能不調護以存國體而調護轉疑事以抗而僨勢不得不委曲以合事機而委曲轉疑一疑其過所見無非過者一疑其欺所見無非欺者而不信之形成矣下程不可信之形以事上而上疑上懷不以信之心以待下而下亦疑于是上以形自閉而益爲不可測下以形自疑而益爲不敢知嗟乎君臣上下交相疑

慾欲一言之入可得耶夫真見安危治亂之機而不言則非人臣也乘上下相疑之會明知其言不入而不務為可入猥俯于人曰我則言矣于事無所濟而自成其言自解其不言者亦非人臣也然則務為可入且當奈何我思古人獲我心焉張良之致四皓而羽翼定也其事群臣爭之不能得而張良獨得之所謂不先事而強聒不後事而失機則惟其時也魏明帝之營土木也群臣爭之不能得而陳群獨得之彼其對客不言人主之短封事盡削其草則惟其慎也魏太武之暴也群臣多得罪而始終善遇高允彼其屏人進諫申釋事理繼以流涕則惟其切也唐德宗之猜也群臣多得罪而獨私喜得李泌彼其喜色和順無

陵犯之氣使人中懷已盡而不能不從則惟其平也唐敬宗之愎也群臣多得罪而獨兩從裴度言東都之幸但請徐加修葺而遽止劉禹錫之譴但陳其母年老而得寛則惟其婉也此數君子者其心則古之争臣也其所藉手以自效則孔子與諷之旨也彼李德裕所謂欲道行于君者其詞婉欲名高于世者其詞訐者真篤論也若蘇洵所謂諷諫施于明主而無害于直直諫施于闇主而無事于諷則其説非也明主可為忠言何事于諷闇主不難拒諫何有于直而吾以為諷與直不必執也問其時何若耳夫守成之主與開創不同事泰寧之主與中葉不同事剛明之主與守柔不同開創之主在廷皆角材而臣之者也其

臣又皆冀以功効自結于人主一日不見或卜其夜故其臣可乘機遘會屏人密言若守成則堂簾已隔無機可投無人可屏即欲和顏色以進曾不得一奉清燕而獨託之尺寸之牘其難一人主求治則言重憂亂則言重當其治已成亂未形人主無求于天下天下反以言求進于人主人主漸已輕已厭而士大夫又不能使其說必驗然後人主益自堅而有言不復入其難二寬柔之主有容無斷不切直不入不激發不勇而剛明之主太阿在柄事欲造端于己而其意識機略往往出群臣之主轉抗轉激轉猜轉深婉言欲入驟則否獨言或入衆則否密言或入顯則否偶言或入數則否緩言或入激則否而天下漸欲多事則

于激不能得之時而有不容不激之勢其難三宋人有言今日事難于前日安知異日不更難于今日耶嗟嗟自古何嘗無難事事難乃始見臣節耳數君子者其時亦自謂難矣然而衆所不能得而獨得之者賴其主不疑也非其主不疑而諸君子之無可疑也凡人主之致疑于臣必先自開其疑端而後疑生焉夫疑非一日之積也其欲見信亦非一日之積也吾謂當以孔子所稱勿欺者為主而諸君子之意亦自有可尋者凡人主舉大事常欲斷自已出而未嘗不默察人情然顯以人情制之則轉疑矣莫若守正而動之以徵示以人心之所向與夫時勢之不能已當機而發機發而俟其自至吾以為當如良人主最護惜其

名最惡臣下自為名謀事而洩之必不謂功進言而暴之
必不謂忠莫若自匿名之端與諫之迹人主徐而察之真
知其不言溫樹不齒路馬所言獨以告人主而不斬以名
于世然後重其人信其言吾以為當如群以言動人其入
已淺言又不切誰則聽之夫明未燭事機言未盡事理而
以浮文從事緩則置之急則加甚焉莫若忠謀深計盡去
其溢言而以愛君之心與愛君之言行之吾以為當如允
凡人主有所欲為莫若有辭猶託之乎理也則人臣可以
理奪爭之强辯之疾相激而怒怒則不論理矣夫我操盛
氣論事而乃責人主降心以下我彼且激于氣而益忤其
言則若莫平情定氣使人主之怒無自而發然後我得從

容與之論理理勝則從矣書以為當如況凡人臣有所論諫未形則易止既厭則易入當意氣方盛而諫者悉力以折其鋭則愈急而行之愈決當其急時莫若以辭緩之彼人主所欲為者既奪于衆論而所不欲奪于衆論之微旨亦得此緩辭而漸平凡人臣與人主爭事得失易而爭人去就難爭事無可疑也爭人則疑矣必曰罔上而附下必曰口衆而我寡夫乃以衆而行强于君蓋寬饒所由刎頸而蘇子瞻所為撟舌也莫若無隱其罪而徐動之以情使人臣引咎于下而歸德于上吾以為當如度此數君子者皆諫法也而總之以孔子所稱勿欺者為主夫事實有機人臣立朝不知機則敗然人臣立心一有機則敗凡人臣

見疑于君皆自有機始為智者百一愚即敗為巧者百一出即敗為調停者百一執即敗為結納者百一離即敗獨當如條侯之厚重魏公之朴忠自處于甚愚甚拙甚執甚孤之地而一意為國家深計無事不可覆無言不可質積之久而後可自白于人主體具矣而濟以良之時群之密允之切泌之平度之婉以此為諫倘可十得一乎嗟嗟天下未嘗無難事也難乃見臣節耳上察則下當益密上急則下當益和上隔則下當益親上疑則下當益信遇事必諫諫必思所以入不入退而自反也奮力而更端以進不敢意其必成以為功不敢意其必不成以為名至于勢窮理極心殫力瘁然後明進退以感動之至出畫懷鄧而情

不能自已焉夫是之謂純臣而范曄所謂正直出于忠誠者也然則直竟不如諷乎曰直何可少也病有標本勢有緩急飲食不能得求之藥餌藥餌不能得求之針砭假令卒有大謀議大事機必俟上下相孚而後諫則幾無時哉有能引誼廷諍守死不移以自附于萬乘之爭臣即為執鞭所欣慕焉

問臣道稱和衷尚矣古之同心為國者或以精察或以長厚或以善謀或以善斷或以尚通或以尚法性行不同而皆以適于治何歟師德薦仁傑仁傑不知師德且薦準準不知且彼皆所謂人豪豈其知不知相懸至此歟卬以見有異同不欲比周以進歟蓋同德之難久矣宋

紹興二相號稱君子何始慕用之勤後相悖之戾也嘗其始即有謂兩賢相繼則氣脉長而憂賢人自相戾者若然則前所稱六臣者皆以君子同時而治東漢諸臣皆以君子相繼而不治何歟夫以君子繼君子而亂者東漢也小人繼小人而亂者南宋也君子小人遞相攻而遞為政者元祐紹聖之間也此三者皆無救于亂然則必如何乃始治歟宋時大臣有上殿下殿之諭而漢人亦謂上下和同非國之福信斯言也則古所稱同寅協恭者盡非歟諸士其尚論古之人以復

國家治亂之故系于流品之分合而總出乎心術之公私

夫所謂公私者問其為國與否而已為國者欲其為國用

為我者欲其為我用弟欲為我用同乎我者收之異乎我者外之有喜有怒有好有饑而茍以為國用而已則我與人共立一國共事一君有耳目以共效有手足以共使即同異惡從分乱無論虞廷師濟之賢殷室夔調之相即降而漢之丙魏唐之房杜姚宋彼其人精察與長厚異也人以為枘鑿殊宜而為國者以為韋絃之適相矯也善謀與善斷異也人以為遲敏殊効而為國者以為淄澠之適相濟也尚通與尚法又異也人以為經權殊適而為國者以為規矩之適相用也蓋其異者性實定之而惟其不以私心跂躍其間故無俟于異處求同而政從分時得合争亦何咎耦乃無猜用能[illegible]其本朝抗聲四裔榮華至今此六

於予故自兩相知耳至于婁師德薦狄仁傑仁傑不知師德王旦薦寇準準不知旦此自見其長彼自見其短各言其見不相為掩此其德量信有廣狹而就而深索之則心事皎然不欺不黨皆有足多者彼何嘗如後世以知爾知借口而譽又何嘗如後世以不知報不知遂易譽而毀耶蓋國家盛時本無偏枯湮鬱之處可以挑取世譽而其君子相與恬而安焉覺其飛揚矯厲之氣無所附而見故于其時士氣之和而占國運乃叔季之世何多變也趙鼎張浚其初固延譽相慕者也以呂祉片言之搆至憤不能與同朝喻生謂兩賢相繼則氣脉長而憂其自相戾者其說驗矣夫同朝而遂至于相戾也吾未見其相繼而遂足以

延氣脉也使同朝而戾彼六君子者何以治使必相繼而後治彼東漢諸君子又何以亂蓋品流雖定而其用之于國者隱微黯曖而不可知稍不善用而分别過嚴攻守過峻一以為不可當吾世而失之一以為不可當吾世而貸之遡而許者在繩之內則遡而距者必在繩之外矣夫繩之內繩之外不兩存之讎也荀卿子不云乎律已則以繩接人則用枻獨奈何專行一意而并失接人之用哉故天下有真心為國者必當以君子長者自處而不輕以小人與人寧虛懸君子小人之名待公論之自定而不預揭君子小人之目使岐[illegible]開惟恐界一分而不可復合幟一立而不可復偃故[illegible]而歸正無激以成姦有以敗而

為成無以全而求毀其為國忠慮至深也為國之心與有
我之心相躋相構中徹有所隱然而不化外遂有所憤然
而必張我方自露其端倪人已不勝其觀望于是有一譽
而百和有一毀而百誹有譽之復還為毀毀之復還為譽
其薰燎也如火始薪之而傳後不薪亦傳也其滛裔也如
水始吸之而升後不吸亦升也其相續也如火濟火水濟
水且以焚灼且以坎窞糾牽而不可解也其相勝也如以
火鍊水以水沃火一鍊一沸一沃一熾激摶而不可收也
天下又安得不自相熬煎推蕩以并至于盡乎故以君子
繼君子而亂者東漢也李杜陳竇迫而奮決躡之勇則君
子之角愈羸矣以小人繼小人而亂者南宋也汪黃秦韓

迫而據騎虎之勢則小人之擁愈堅矣夫南宋之小人主于自固而東漢之君子主于攻小人無惑已彼元祐紹聖之閒則何其紛紛也安石之變成法偏而爲國者也不知其反而爲元祐也司馬之變新法正而爲國者也不知其激而爲紹聖也章惇之紹述私而爲己者也又不知其反而爲元符也韓忠彥之反正正而爲國者也又不知其激而爲崇寧也蔡京之紹述私而爲己者也不知其釀而爲靖康也再反再復而國隨之有寶玉于此遞操而遞弄之寧有完器哉彼小人何責使其爲君子者去泰去甚留寸尺寬曠之地使姦人有所容而自安而我于于徐徐斡旋其間不遽蒐狐射隼矯枉過直則君子之禍必不烈而小

人之毒必不若是甚也蓋小人戾氣也君子正氣而不能無客氣以客氣遇戾氣則鬬矣以客氣遇客氣則亦鬬矣故不但君子不能容小人而有待乎君子不能容君子惟是區區勝心不自克而始而鬬于曠林繼而鬬于一穴既已玄黃其血不能復成犄角之群而小人者乃更乘其倦而蹈藉之如漢宋之君子比比是也是故盛世以國事程人品忠于國者為君子不忠則否其次以公論程人品當于公好者為君子不當則否其下以愛憎程人品合于私愛者為君子不合則否國事變而為議論議論變而為愛憎愛憎勝而成心立成心立而物情變矣是故一事也未悉其利害而曰必為甲不為乙則事以見分而謬其宜矣

一人也未定其是非而曰必袒左無袒右則人以區分而倒其品矣一議也是者半是者半或萬慮中一得或萬慮中一失而曰此必全是彼必全非則議以黨分而閙其歸矣此其端皆起于世道有偏重國論有半塞始于一念之相左念不已而及于事事不已而及于人人不已而及于衆故始于一念終于兩途我既顯然分為兩途而人且挾依于聲跡之閒唼喋囁嚅而未始有極夫乃假借我以羽毛而不得不從位置我以門户而不得不入人我有不得不相仗之勢彼此有不得不相敵之形內有不得不昧之是非外有不得不聽之喧甚於是精察指長厚為迂長厚偕情明為露謀者謂斷者為率易斷者謂謀者為遲疑通

否謂法者為太拘而法者謂通者為無執交相指摘交相誹笑而有如晏王兩君子者以德市而不應則必以不肖之心應之覽陵詬誶變幻顛倒不可勝道矣彼小人者以為若人者其情量去我不遠也就其人之是與非亦未嘗不可互指也奈何我以為詬而彼以為名于是百計以破壞其群我之張矢而射者其機淺而彼之負鬭而處者其械深兩人之徒手以搏者其力孤而旁人之貸手以毆者其傷大時藏時否出于君子之口者易于釋而誰堅誰瑕入于小人之彀者不復開一勝一負鬨于士大夫之故者不足言而乍接乍暱疑于人主之心者不可救至于使人主之心兩疑兩難不知君子小人之所在則爭者將至于

不能爭激者將至于不能激愈變愈亟而國且從之矣盍
亦反其本而思我之所謂分與合者幾何也愛與憎幾何
也人之負我不負我幾何也聚如飛沫散如浮烟獨奈何
以無幾何之事取輕于君父而貽禍于國家故人苟為國
則無不可釋之冤為國則無不可忍之詬為國則無可鬪
爭之曲直為國則無可報復之忌怨盖國為大同以小異
校大同則渙然而俱合我為小同以小同遇小異即熾然
沸然而不復能自降則為國為已之別也宋賢有云上殿
相爭如虎下殿不失和氣庶幾乎公忠而愚猶謂如是者
即盡克其立門戶之心而尚不能無喜議論之心名而必
謂如小爭而必謂如虎此自宋人之病耳其致能使人主

衣而不親讒人挺而中搆於以羹調國是難矣夫漢人所謂上下和同非國之福者戒雌雄之一口耳豈必盛氣以相加遺乎有如書所云同本于寅協本于恭斂浮氣鋤傲色精白一心以媚天子則六君子與婁王諸人故足術烏有如東漢兩宋之曹分無煩覆說矣

問自古有國家者往往有偏重之勢而後之善敗隨之如周分于列國漢危于外戚東漢潰于黨錮唐衰于藩鎮宋弱于夷狄治亂之跡具在果始制之失歟抑漸靡使然而失于救歟備在于此患生于彼或即以救之所為為敝之所起其故何歟抑安危之機別有在而補苴矯正非其本歟我

國家立國規模高軼千古中外相制輕重相權上下相綰結其詳亦有可指陳者歟前代未有更二百年而晏然無事者而我
國家重熙累洽海內謐如此亦極治之
朝已乃識者操過計于徙薪抱隱憂于竭澤亦有說歟進言者未事常若不信有事常若無及詩人所為賦桑土也諸士有審機度勢如賈生之策治安者乎願推古今治亂安危之本以對或庶幾乎以古為鑑云爾
執事策士終篇以古今立國之勢下詢若將謀于野而以古為鑑者請以臆對凡人之身必有受氣不足之處其微无見而從以身從之或憂所不足以藥成其偏勝氣血底

滯則從其底滯之處受病而身從之古今國勢大畧有似
之者人有恒言曰周分于封建漢危于外戚東漢激于黨
錮唐亡于藩鎮宋衰于夷狄夫謂漢危于外戚宋衰于夷
狄者是也謂周分于封建漢激于黨錮唐亡于藩鎮者非
本論也周之衰也諸侯翼戴天子而夾輔之至後之為七
國者盡非文之昭武之穆也秦楚夷也齊與三晉篡也周
封建之國存而周存封建之國亡而周亡則其分周者乃
諸侯之賊而非周之諸侯也漢之季世政出多門內參賓
客典州郡權財利蠹食百姓西園騶卒踐蹋命吏一時號
為清流者急與之角而力不敵正如醫不擬緩急標本而
反以藥促其劇耳而非其本病也以彼事勢激亦亡不激

亦亡漢之亡不因黨人也唐之藩鎮當安史大亂之後而餘孼未殄耳互爲聲援互爲制伏而莫敢先發使伐者皆以王室爲名及劉氏敗羅氏弱王氏請盟然後汴梁獨盛而莫與之爭故河北强而唐弱河北弱而唐亡如人病一股一臂而身尚存也至心腹之病作而身與股臂同歸于盡夫唐之亡也內外相攻而盜賊起于下不盡因藩鎮也此五者或然或否然皆有先徵焉五伯先見始有列國呂霍先見始有新莽南北部先見始有黨錮寵任番將先見始有藩鎮契丹元昊先見始有金元既以此始亦以此終所謂受氣不足之處而其微先見者耶然亦有矯之而過故之而適生患者秦矯周之分而以孤立亡漢矯秦之孤

主三庶孽半天下而七國之變起已復矯之分王其子孫同姓幾與齊民等外戚乃始重畀之東漢梁竇相踵不得已以中官除之而權在內不得已而外兵除之而權在外唐之末亦以中官監外閫而權在內後復外兵制中官而權在外此不亦救之所為患之所起耶唐之藩鎮誠足以弱唐而夷狄之禍淺宋以杯酒釋兵權千古以為得策然邊鎮弱而夷狄之禍深至李綱復欲分天下為四大鎮夫邊鎮太强則唐太弱則宋此不亦救之所為患之所起耶由此觀之氣不足而失于救則敗救而過其則至于氣血偏勝則亦敗要之有大氣運大根本而數者不與焉一代之氣正如四時開創之初恭已節約輕刑薄斂滋育培養

元氣盎然如漢文景唐貞觀宋隆德于時春也物力既盛文明日侈人主撫盈成之樂意無所不得於是封禪禱祠征伐土木之役窮奢極欲殫天地之藏以耀耳目如漢之武唐之高玄宋之真宗於時夏也文明既洩物力亦詘盛極而衰乃始補苴裒益制節謹度以名法刻核收拾煨燼如漢之宣帝唐之憲宗宣宗於時秋也刻核之餘天和亦損於是上下蕭條公私負債國以民為氣而氣虧民以財為血而血耗宇宙逼仄人不樂生間有孤陽乍回而終不勝其寒冱如漢唐宋之末季於時冬也此豈天地自然之氣默運密移而人事從之耶抑亦人事有得失而氣運隨之耶總之以民為本以民心思治思亂為候然則古今治

安危之本可一言而蔽也我
國家立國規模高軼千古其密似周其質似漢憲令似唐而
德澤過于宋凡前代滲漏偏重可以為禍始者皆深鑒其
失而密塗其隙竊窺其立法之意大略尊主權肅臣紀分
政務散兵柄上下中外互為縮結權重者以法輕之事輕
者以法重之假人以寄其法據法以責其人如設規矩而
以匠運之嚴轡策而以御操之天下之人皆範圍于法而
無敢自為異故前代有相業而
本朝法外無相業前代有將略而
本朝法外無將略前代有清議而
本朝法外無清議前代有循良而

本朝法以無循良此數者皆未及古人而合之乃勝古人則法勝也蓋前代人自行其意令則百司無異意以奉一法前代朝自為政令則列聖無異政以守一法彼嘗其偏勝而後世受必趨之勢更亦亂不更亦亂本朝無所不兼而無偏勝守之則治更之則亂矣愚嘗以為國家之制如𣟗之凌雲臺土木輕重無錙銖相負而漸靡之久亦有稍失其初者內之制外自邦畿郡國遞相內外以鈞繩相聯便控制也極控制之所至則宮闈之外莫不外之矣上之制下公卿大夫士遞相上下以情相也亦隆重也極隆重之所至階級之下無弗下之

任當其人無近效不當無近害人主見天下無所加損于法則以為可有可無可緩可急漠然與臣子不相親而人臣奉法以治持法而議避文法之意多而修職業之意少修職業之意多而憂

國家之意少則亦法為之也節制太關于上互相鈐轄互相牽纏天下之事重遲而難舉委寄太輕于下憲令在前議論在後天下之人束縛而難動無事不能致亂有事亦不能定亂致亂之難者權無所寄而勢不偏重也定亂之不易者權無所歸而勢有全輕也要之全輕之極即為偏重則亦法為之也以

今日全盛之勢

宗藩不治民外戚不干政士無私學臣無私黨大將禀于制
府而夷狄稱外臣政出于一而分于六即六列亦無敢專
一事然
國家所患必不在
宗藩不在外夷不在外戚不在邉將而亦不在公卿大夫士
所為蒿目而憂者上獨在
宮府之隔下獨在閭閻之匱耳嗟嗟二正之季儻亦有先見
為徵象者乎而非草茅所詳也生自閭閻來知閭閻事夫
閭閻者根本之計而氣運所関也
本朝治民之法甚詳而養民之法稍略養民之法既略而取
之州川詔試取今日租賦之額比之數年以前倍矣比

之三十六以前再倍矣易地而水旱比省而災沴而軍興繼之而抉山榷稅算舟告緡之令繼之賦安得不增財安得不匱民安得不貧夫已貧則不畏貧必死則不畏死法制誠密根本無乃傷乎根本傷則微風可以隕擭元氣病則六氣可以生疹乘虛而入耳又非獨虛而已氣血交爭而不定則五臟自相尅相為病執事曰以古為鑑竊謂周漢宋事不相肖也若東漢晚唐之弊則異日不可知耳漢之季中臣以黨傾外臣始而外臣受其𢿱已而中臣受其𢿱而乃移之于國唐之季南北司如水火矣始而外臣受其𢿱已而中臣受其𢿱而乃移之于國夫激則爭之漸也爭之搆之漸也搆則獄之漸也獄則兵之漸也以

宮府之隔而成閶闔之圜以閶闔之圜而開中外之隙執事
所為過計者倘在是乎夫機無疆之祚極年世之卜則八
百為春中天適值之時也
聖朝以來奏雲門歌大夏極盛矣然非有矜侈揚詡窮極物力
塗飾觀聽者也而亟祭顛連于道殣晚荒涼于逃屋顧似有
搖落變衰慘淡而為秋之象內而觀于筌宰之間堂簾之
際又似有天升地降閉塞而成冬之象以上下之閉塞而
欲救民間之搖落士寧得無蒿目而憂乎夫寒暑者四時
之序也斗柄所指分四時者也當折膠而曝日不啻挾纊
日南至則春候耳人主日馭也政令所出則斗柄也德意
一布收訶勺寸施諸六合六合滿矣施者不勞也自有之

利我以不奪為與民以不損為益益者衆矣與者不費也至密之法通之以意至峻之筆聯之以情情意洽矣而至密至峻自在也前代之救弊也弊在法不獨在一時救者不得不矯矯之則勢不偏輕即偏重權不在外即在內故其害在變法令之救弊弊在一時不在法救者復其舊而已無所事矯不矯則勢原不偏重亦不偏輕權原不在外亦不在內故其利在守法夫推創守之旨觀治亂之原衡輕重之勢通上下之情杜中外之隙一日而袪四海之患一日而存萬世之計獨在

至尊耳一念轉移即為氣運

明主在上執事亦可以無煩過計矣

言台

三八

萬曆三十冬[illegible]

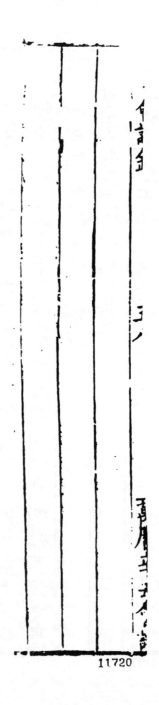

試錄後序

臣朝節闒冗守詞垣不斥遂顓蒙
皇上特恩再以臣耦學士臣琦典今年辛丑會試臣受
命日惴惴不自持私念曰臣以文學侍從數參與蒐求視
典要令在收者務得真士果才且賢足以仰副
皇上旁求俊乂至意臣庶幾萬分一不負臣觀頃日士其文又
猶不免有奇詭枝蔓之憂嚮之所從釐正不啻勤以定其
不信于海內之士而盡洗滌其弊習還之于舊令士之不
安得不竭蹶與同事加意圖之臣又奚以逭其責白正大
棘闈受事首為諭預示諸生文字務典切雅馴明諸臣約
勿引用異教語離經畔道不著雖工弗收已又與定必軌

罔或不祗慎乃罄目力所及者蚤夜品校反覆裁才賢鉅
于正而後錄之錄既成臣宜序于末簡臣惟主司之為文
也以文為文奇詭覘其心術當亦怪誕險僻雖才矣尚乃
為觀聽者樹標幟士將靡靡然競趨之其關于世教之後
豈細乎故主在嚴于取士今士既見收矣斌斌然乎既入
闕廷奉
大對
皇上將次第用之布列中外矣此復有官評士論在襮之掄士
若筌蹄也今為多士地詎得不以人品相訓飭于無忝且
初志乎臣嚮嘗謬[illegible]七一其心于服官而為道人心
也之臣今日待多[illegible]決也寧得有外于此然進于

心也七情六欲之卒不勝其分于它嘗者多端亦惟是乎
日之所用舍不過記誦口耳為舉業取足售于有司而止
或未嘗深求之于聖賢而力體之身心性情及其入仕度
無所用之自不覺頓忘所習章句世味濡染殆若素不相
涉者然矣且嘗學易讀乾卦九三文言曰君子進德脩業
忠信所以進德也修辭立其誠所以居業也知至至之可
與幾也知終終之可與存義也是居居上位而不驕在下
位而不憂故乾乾因其時而惕雖危無咎矣夫九三居下
之上當大臣之位進修疑非所急亦豈無所宜建豎所宜
注厝之可言而朝夕乾惕猶不離夫進德修業之事盖惟
心之所惕一在于學然後于世超然無累進退得喪不驕

不憂．文賢注曆自皆無有不善雖處九三危地能免于咎
今甫釋褐一旦不更致力于學以求所以進德修業心遂
倦然放逸自非卓有器識能自好者安往而不馳騖聲利
紛華日擾擾于胸次覬覦怨尤無入而能自得也其後一心
以事
主上而不分于它哉中庸有之曰凡事豫則立不豫則廢夫一
者人臣之效于君也豫者所繇致一之原也蓋心之難一
尚矣憧憧往來朋從爾思貳于二參于三至于百千而不
已不謀于豫何以能一豫之之功必也博學審問 愼思明
辨篤行五者進修之要莫切焉于此百倍其功精 乂有得
道此行之 自明善明而身誠矣誠則一豫則誠否學則不

[illegible]七人之本業邪若凡民不以望之矣臣又何敢不

以恩厚望多士共相切磋抑故孔子告君以豫致一而貫

九經[illegible]亦當以豫致一待

在位士莫不學咸有一德蒸蒸濟濟奉其心以忠

國家它日贊助我

聖天子萬年基隆之業且將賴之臣駑無知稍闡繹夙昔章句

想聊用警發與幸多士實致力焉勿忘

正議大夫資治尹禮部右侍郎兼翰林院侍讀學士掌院

事曾朝節謹序

11726

安陽戊午
同考

賈毓祥

山東萊州府平度州軍籍學生字元冲號
四塞治詩行一庚午正月初一日生甲午
鄉試八名會試八十三名
廷試三甲一百八名禮部觀政授山西太原府太谷知縣壬子
本省同考甲寅五月丁內艱丁巳二月起復補河南
彰德府安陽縣知縣戊午本省同考[redacted]

曾祖禎
祖文勝
父漢臣 省祭官贈文林郎山西太谷知縣
母周氏 贈太孺人
慈侍下
娶林氏 贈孺人 繼娶崔氏 封孺人
子瓏 庠生 瑝 庠生 義

河南澤州知州
福建壬子同考
乙卯山西同考

王所用

河南懷慶府河內縣民籍廩生字羽三分

賓吾治詩行一辛未十月初六日生戊子

鄉試十五名會試一百八十八名

廷試二甲二十五名刑部觀政本年授福建福寧州知州壬子

本省同考癸丑調山西澤州知州乙卯本省同考丙辰

留部丁巳陞兵部車駕司員外郎

[redacted]

曾祖瀛教諭

祖問臣廩生

父起茂廩生誥贈奉直大夫山西澤州知州

母劉氏誥贈宜人

永感下

娶何氏誥贈宜人繼娶李氏誥封宜人

子顯周 崇德 玉汝 繩文

淮安

王湯孫

江西吉安府安福縣民籍增生字稚誕號
犀石治春秋行五庚午十一月十四日生
戊子鄉試十三名會試一百六十三名
廷試三甲二十二名通政司觀政授山東兗州府推官卒

曾祖季卿庠生封刑部郎中
祖士任舉人永州府通判
父而縉監生
母萬氏　繼母賀氏
永感下

弟秀孫
娶劉氏
子循震庠生

馮三元

直隸順天府三河縣民籍廩生字
洵水治詩行二辛未三月初五日生己酉
鄉試七十四名會試一百九十八名
廷試三甲二百一名吏部觀政授山東平原縣知縣

曾祖廸 登封縣典史
祖時 廬州府知事
父尚文
龔氏 繼穆氏 [illegible]氏
胡氏 嚴侍下

兄三聘
弟三省 三才
娶蕭氏 繼娶賈氏
子

鄒之易

湖廣黃州府黃岡縣民籍學生字爾時號
九一治詩行四辛未六月十一日生丙午
鄉試五十七名會試二百四十四名
廷試三甲二百三名戶部觀政授四川銅梁縣知縣丙辰陞兵
部職方司主事管山海關

曾祖謙監生
祖本泗訓官
父邦卿
母侯氏
永感下

兄之巨廩生 之則
弟之孟 人昌同科進士
娶左氏 郭氏
子士禎 士祥 士祐

韓炳衡

陝西延安府保安縣民籍學生字元

枕瀫治易行一辛未十二月二十四日生

辛卯鄉試三名會試二百四十八名

廷試三甲一百八十九名禮部觀政辛亥授山西襄垣縣知縣

丙辰留部授刑部雲南司主事

曾祖玘知縣

祖一德壽官

父栯教諭贈文林郎知縣

母牛氏贈孺人

永感下

弟炳衍廩生

娶胡氏贈孺人 繼娶孫氏 鄭氏封孺人

子璜齊 翀齊 張齊 岳齊

知县

張廷玉

陝西延安府衛官籍膚施縣學生字汝尤
號石初治詩行一壬申七月十四日生癸
卯鄉試三十四名會試二百二名
廷試三甲一百九十五名都察院觀政授山西臨汾縣知縣乙
卯被論左遷江西布政司檢校戊午陞直隸新安縣知縣

曾祖霞
祖東
父惟曆 壽官
母徐氏 繼母龔氏
永感下

弟田玉
娶閆氏 繼娶閆氏
子琪美 琮美 玹美 瑀美 璉美

唐公靖

直隸寧國府宣城縣軍籍學生原名一相
字君平號中臺治易行三壬申七月二十
三日生乙酉鄉試二十八名會試一百五十四名
廷試三甲七十四名戶部觀政本年八月授山西太原府推官
癸丑考察甲寅卒

曾祖緒 冠帶鄉飲賓
祖繼岳 冠帶鄉飲賓
父汝奇 儒官鄉飲賓
母劉氏
永感下

兄一桂武學生 一棟 一治 一樂倉大使 時佐把總 時俊[illegible]
弟一梁 一桐 一霈監生 一澄監生 一文庠生 一灝己酉舉人 時凱庠生 一瀛庠生 一瀚庠生 一濱 [illegible]庠生
娶陳氏
子允甲 允年 允冲 允 允 允

行人

知御史

父狀元

沈有則

直隸寧國府宣城縣民籍建平縣人監生

字士範號逸少治易行三壬申十月二十

日生癸卯鄉試一百二十九名會試二百六十一名

廷試三甲一百十一名兵部觀政授行人司行人壬子卒

曾祖璞勅封文林郎償應知縣

祖寵山東道御史湖廣兵僉崇祀名宦鄉賢

父懋學丁丑狀元翰林院修撰崇祀鄉賢

母王氏

慈侍下

兄有嚴福建漳州府同知 有容浙江溫處參將

弟有恒監生 有貽庠生 有望

娶施氏

子壽元庠生 壽康 壽廣 壽庚 壽辰 壽彥

趙昌期

浙江寧波府慈谿縣民籍嘉興府秀水縣人
監生字當世號青巖治易行一壬申十月二十二
日生癸卯鄉試四十五名會試一百八十九名
廷試三甲二十八名禮部觀政授直隸徽州府婺源縣知縣癸
丑調繁丹徒縣乙卯陞南京兵部車駕司主事戊午卒

曾祖孟 贈通議大夫工部右侍郎
祖文華 [illegible]任寧華太保工 [illegible]
父怡思 原任錦衣衛正千戶
母陳氏
嚴侍下
兄允明
弟大期 生 廩 毅期 明欽 同科進士
娶邵氏 繼娶朱氏
子恭嗣

行司
副
都遂七
人[illegible]

陳士章

直隸保定府大寧都司中衛官籍學生字成甫號顕吾治詩行二癸酉二月初八日生丙午鄉試十名會試二百三十名

廷試三甲二百三十五名吏部觀政壬子授行人司行人乙卯

陞司副

[illegible]

曾祖世昌 [illegible]

祖與 [illegible]

父堯道 [illegible]

母張氏

永感下

兄士儁 增生

弟士魁 士林 俱廩生

娶孫氏 繼娶趙氏 張氏

子怡瞻 廩生 崇瞻 增廣

李士高

河南彰德府磁州軍籍武安縣學生字孟乾
號同玄治春秋行一癸酉五月初五日生庚子
鄉試四名會試二百十七名
廷試三甲一百九十三名刑部觀政授湖廣岳州府推官壬子
本省同考乙卯四川同考丙辰調補山東登州府推官

曾祖林
祖進
父嘉輔 贈文林郎岳州府推官
母孔氏 贈孺人
永感下
兄士英 廩生 士俊 庠生 士清 山西文城知縣
弟士仁 士弘 俱庠生
娶孫氏
子夢松 夢熊 夢龍

劉宇曜

陝西西安府涇陽縣軍籍選貢生字叔定

號如健治春秋行三癸酉五月二十二日

生庚子鄉試一名會試五名

廷試二甲一十三名兵部觀政辛亥卒

曾祖冲 贈資政大夫 右都御史

祖騰 歲貢贈資政大夫 右副都御史

父[illegible] 科壬辰進士兵部尚書 右副都御史巡撫順天

母孔氏 累封夫人

具慶下

兄宇旼 延綏保守 堡寧海

弟宇瞻 官生

娶趙氏 繼娶晋氏

子繼業

郭志仁

山東濟南府海豐縣民籍學生字元甫號
涇太治易行一癸酉五月二十四日生丙
午鄉試六十八名會試二百九十四名
廷試三甲九十九名工部觀政授直隸保定府清苑知縣壬子

卒

曾祖傑

祖森

父應春

母陳氏

永感下

弟志礼

娶商氏　繼娶楊氏

子五　正　立

汝寧知府
大名道
三甲進士

岳駿聲

浙江嘉興府嘉興縣籍桐鄉縣人監生字
季有號石鍾治書行四癸酉八月初九日
生丙午鄉試八十七名會試一百二十三名
廷試二甲十三名都察院觀政授刑部山東司主事癸丑陞員
甲寅陞部中乙卯陞河南汝寧府知府

曾祖鳴迅 壽官
祖商
父綎 [illegible]
母張氏 勅封太孺人 誥封太宜人 誥贈太恭人
永感下
兄元聲 癸未進士 工部都水司郎中 [illegible]爲民 恩詔開任　中聲 庠生　和聲 壬辰進士 福建提學副使
弟五聲 庠生
娶沈氏 勅封安人 誥封恭人
子浤 增例監生　洪 庠生　澐

張紹魁

直隸延慶衛官籍餘姚縣人學生字天衢
號斗垣治詩行三癸酉八月十四日生乙
酉鄉試一名會試一百四十五名
廷試三甲二百二十一名禮部觀政授行人司行人 甲寅卒

曾祖鼎 恩榮官
祖濤 歲貢
父虎 知縣
前葛氏 母錢氏
永感下

兄紹先 把總 紹文 知縣
弟紹紳 庠生
娶趙氏 繼娶況氏
子秉禮

王順行

河南開封府通許縣民籍增生字率之號成五治詩行一癸酉十一月初一日生辛卯鄉試二十二名會試一百八十六名廷試三甲一百九名禮部觀政癸丑授大理寺右評事乙卯陞右寺副丙辰[illegible]

曾祖廷受
祖賢
父希樂
母婁氏
兄慶下
弟道行
娶王氏　繼娶張氏
子嗣三

殿
應天乙酉解
元

尹嘉賓

直隸常州府江陰縣民籍廩生字孔昭號
澹如治詩行二癸酉十一月十七月生巳
酉鄉試一8名會試一百四名
廷試三甲二百三十七名吏部觀政丁憂癸丑授中書舍人戊
午陞兵部職方司員外

曾祖世方
祖淮
父延綬
母俞氏
慈侍下

兄嘉元
弟嘉禮　嘉臣　嘉相　嘉棟
娶花氏
子自道　有臨　春先

孫

徐楠

直隸大名府魏縣民籍廩生字桂明號[illegible]
愚治易行一癸酉十一月二十九日生巳
酉鄉試二十八名會試二百三十四名
廷試三甲二百三十八名吏部觀政壬子丁內艱乙卯授工部
都水司主事管六科廊丁外艱戊午復除兵部車駕司主
事

曾祖鳳壽官
祖平庠生
父好謙[illegible]獻縣教諭
母郭氏
嚴侍下

兄樓 楊
弟楨 桐 桂 杜 檟 楷 梅
娶朱氏 繼娶魏氏 趙氏
子炯然生員 煥然 孫堅 至

吳奕

直隸常州府武進縣籍宜興縣人監生字
世于號斂所治書行六甲戌二月二十六
日生庚子鄉試五十九名會試七十四名
廷試三甲一百六十名刑部觀政授浙江縉雲縣知縣丁亥甲
貫補福建龍溪縣

六个進士五个舉人

曾祖禮封兵部郎中 [illegible]
祖性 [illegible]
父忠行 [illegible]
母毛氏封太宜人
慈侍下

兄宗泰監生 宗儀舉人 浙江新昌縣 宗雅監生 宗旻 宗亮 [illegible] 宗因辛卯亞魁
弟宗奎舉人 [illegible] 宗京 宗逸生 [illegible] 宗達 [illegible] 宗袞 [illegible] 宗完 [illegible] 宗本
宗選 宗閨 宗充 宗進
娶馬氏 繼娶徐氏
子集恩 傳恩

喬時敏

直隸松江府上海縣軍籍增生字君求號古岡治詩行一甲戌三月二十五日生癸卯鄉試七十四名會試九十四名廷試三甲一百六十七名大理寺觀政授浙江仁和縣知縣

曾祖禾 贈中書舍人

祖承嗣

父國禎 府中書舍人 仁和縣知縣

母董氏 贈孺人

嚴侍下

弟光啓 增生 時英 癸丑進士 時舉 一琦 廣寧守備 時中 時申 晟運 學生 [illegible]

娶朱氏 封孺人

子雲將 庠生 月將 庠生 方將

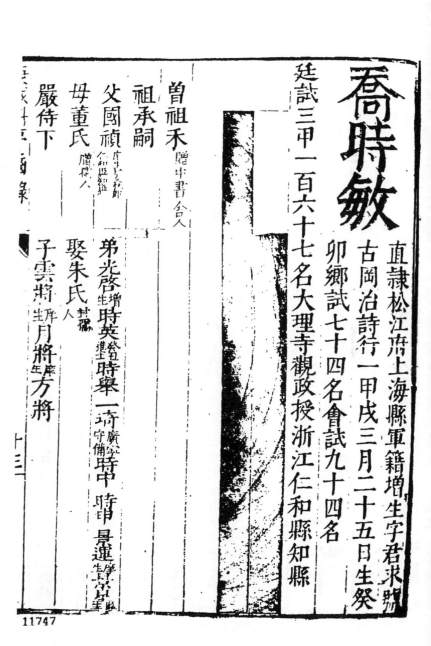

[illegible]

鄒之麟

直隸常州府武進縣民籍學生字臣虎號衣白治詩行一甲戌四月初五日生丙午鄉試一名會試五十三名廷試二甲三十八名禮部觀政壬子順天同考丙辰陞除上林苑監典簿丁巳陞大理寺評事尋陞工部都水司主事戊午回籍

曾祖騋維縣知縣以孝廉[illegible]誥
祖廩
父大賓永嘉主簿
母高氏
嚴侍下

兄之元 之貞俱庠生
弟鶴翔 之鯨俱庠生 志隆[illegible] 之鳳
娶白氏
子馬彪 浴 孫

熙

刑部

陳儀

福建福州府閩縣軍籍廩生字用吉號紹

鳳治禮記行一甲戌五月初一日生巳酉

鄉試二十六名會試三十九名

廷試三甲三十名戶部觀政授廣東廣州府南海知縣壬子本

省分考丙辰陞刑部河南司主事

曾祖波

祖繼成

父汝揚 [illegible]舉人 贈文林郎

母曾氏 贈孺人

永感下

兄宏猷 庠生

弟美 [illegible] 侶 脩 任 朝諭 朝綺 朝統

娶張氏 封孺人

子宰行 生庠 宰念

金汝嘉

直隸蘇州府長洲縣民籍吳縣人附學生
字無美號赤城治書行一甲戌八月十二
日生丁酉鄉試七名會試二百八十名
廷試二甲二十六名刑部觀政辛亥授刑部貴州司主事陞員
外郎中甲寅告改南京兵部職方司郎中　丙辰陞江西
贛州知府

曾祖式
祖栢 贈承德郎南京兵部主事
父和 誥贈奉政大夫崇祀名宦
母惠氏 封安人 誥封太宜人
慈侍下

兄汝器
弟汝諧庠生　汝翼　汝楫　汝爲庠生
娶胡氏封安人
子世廉庠生

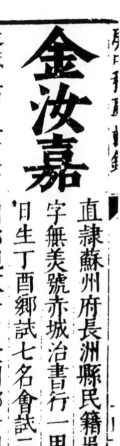

史要典

河南南陽府裕州民籍廩生字維世號果盟治易行一乙亥正月十六日生戊子鄉試二十三名會試二百七十五名廷試三甲一百三十四名通政司觀政直隸蘇州府推官壬子

卒

曾祖記
祖文華
父[illegible]集受
母李氏
永感下
弟法班 法遷 法董
娶明氏
子以直 以勸 以榮

祖進士

欽與

汪泗論

直隸徽州府休寧縣軍籍選貢生字自魯
號石蓮治書行三乙亥五月初八日生丁
酉鄉試三十九名會試一百六十一名
廷試三甲五十一名工部觀政授福建漳州府漳浦知縣調福
清縣丙辰留部考選蒙授山東道御史

曾祖昱訓導封戶部主事
祖垍中[illegible]進[illegible]參議 進階[illegible]中大夫
父鈦[illegible]生
母吳氏
慈侍下

兄文溪[illegible]同知 汭 湯 詰 淑 訓生 庠
弟次詢禮部儒士 沂 詠 清 議 康 [illegible] 滄 [illegible] 詢 納 漪 論 庠 [illegible] 進 請
娶洪氏
子咸穆庠生 咸和

大名府
同年
父齊人

陶琰

雲南姚安府官籍浙江黃岩縣人學生字
稱圭號不退治詩行一乙亥五月十二日
生辛卯鄉試六名會試二百七十九名
廷試二甲四十八名大理寺觀政授刑部四川司主事陞員外
郎中乙卯陞直隸大名府知府丁艱

曾祖朝用
祖電 封文林郎推官
父希皐 舉人知州
母董氏 封孺人
嚴侍下

弟三俊 庠生 三英 庠生 三達
娶張氏
子

區龍禎

廣東廣州府順德縣民籍附生字象先號几遂治詩行一乙亥六月二十三日生丁酉鄉試二十二名會試一百二名

廷試三甲一百五十五名戶部觀政授福建漳浦縣知縣壬子本省同考癸丑丁內艱丙辰復除直隸大名府魏縣

曾祖男志

祖繼順 省祭

父世湜 勅贈文林郎魏縣知縣

母何氏 勅贈孺人

永感下

弟龍祥 景賢 庠生 孔桂 鳳禎 庠生

娶蘇氏 勅封孺人

子昌炯 庠生 昌忭 昌熢

莊起元

直隸常州府武進縣籍鎮江府金壇縣人
增生字中孺號鶴坡治詩行二乙亥七月
初六日生丙午鄉試四十五名會試二十九名
廷試三甲一百二十六名兵部觀政授浙江金華府浦江知縣調
繁蘭谿縣丙辰陞南戶部主事戊午淮安管倉

[redacted]

曾祖齊 庠生
祖憲 庠生
父以臨
母唐氏
永感下

兄起蒙 庠生
弟廷臣 起弼 起光 廷祥 鳴謙
娶蔣氏
子應德 丙辰進士 應熙 庠生 應期 庠生 應會 庠生 應詔

馬斯和

河南開封府項城縣軍籍選貢生字動[illegible]
號繼竹治易行三丁亥七月二十四日生
己酉順天鄉試十五名會試六十五名
廷試三甲九十七名刑部觀政授山西太原府文水知縣丙辰
陞刑部主事

曾祖明
祖雄
父瑱 庠生贈文林郎山西文水縣知縣
母常氏 贈孺人
永感下

兄斯臧 庠生 斯才 斯作 斯徂 斯征
斯健 斯立 斯行
娶崔氏 封孺人
子泰申

推

楊鐸

浙江嘉興府嘉興縣民籍監生字斯覺號
覺斯治書易行三乙亥七月二十六日生壬
午鄉試六十名會試二百二十七名
廷試三甲二十四名吏部觀政授江西吉安府推官癸丑考察
降

曾祖桂
祖燁
父孟賜
母張氏
[redacted]下

兄鑾　鎮　九成
弟鎌
娶范氏　繼娶吳氏　范氏
子德濂

直隸太平府當塗縣民籍增生字孟型號
耀北治詩行二乙亥九月十三日生癸卯
鄉試一百二十六名會試一百四十九名

祝可仕

廷試二甲二十二名大理寺觀政授戶部山西司主事[illegible]子[illegible]
通州[illegible]運甲寅陞雲南司郎中管通州糧儲

曾祖賢封禮部郎中
祖鑾廣西右參政進階亞中大夫
父應麟舉人封承德郎戶部雲南司郎中
母程氏封孺人
嚴侍下

兄可大庠生 可久 可立
娶夏氏封孺人 繼娶吳氏封孺人
子傳芳庠生 流芳 彌芳 競芳

朱大啓

浙江嘉興府秀水縣人太醫院官籍監生

字君輿號廣原治書行一乙亥九月十四

日生巳酉鄉試六十五名會試十六名

廷試三甲七十五名禮部觀政授江西南昌府推官壬子本省

同考乙卯廣東同考丙辰行取暫擬禮部主事戊午改

吏部驗封司主事本年調考功司主事

曾祖彩

祖儒

父國禎

前母楊氏　母施氏贈孺人

永感下

娶陸氏贈孺人　繼娶趙氏封孺人

弟大競官生　大列　大治庠生　大任庠生　大定　大賚

子茂時庠生　茂那庠生　茂畯　茂昉　茂晒

知

張僎

山東青州府壽光縣軍籍增生字公朴號

禮所治易行三乙亥九月二十三日生辛

卯鄉試十二名會試一百四十一名

廷試三甲一百十三名刑部觀政授山西平陽府推官壬子被

論左遷河南布政司檢校乙卯陞江西奉新縣知縣巳

未致政[illegible]

曾祖惠

祖舜民州判

父尚賓州吏目

母王氏 前母吳氏

慈侍下

兄裕廪生改儒士 訓監生

弟偉廪生 評 許 訒 禎 鎾 範生 諸監生 謹 修 侍 祜 軾 轍 [illegible]

娶趙氏 繼娶劉氏 李氏

子鴻逵 鴻舉 鴻烈 鴻名 鴻勳 鴻啓 鴻鵬

河南[illegible]

推

荆時薦

河南河南府靈寶縣民籍選貢生字伯鵠
號延卿治詩行一乙亥九月二十五日生
庚子鄉試一名會試一百七十八名
廷試三甲四十七名兵部觀政授直隸鎮江府丹徒知縣癸丑
考察左遷陝西布政司檢校乙卯本省同考丙辰陞湖
廣岳州府推官丁巳被論巳未致政

曾祖瑞
祖賓
父轍
母秦氏
[illegible]下

弟時霖國子生
娶杜氏　繼娶王氏
子南珙

卯正 七

秦繼宗

湖廣黃州府黃岡縣民籍蘄水縣人學生
字敬伯號西汀治禮記行三乙亥十月初
九日生甲午鄉試一百名會試七十六名
廷試三甲二百六名兵部觀政改南京武學教授癸丑陞國子
監學正甲寅陞南京戶部雲南司主事乙卯管北新關
丙辰陞郎中[illegible]

曾祖允正
祖欽
父必富
母吳氏 生母陳氏
永感下

兄繼賢 繼聖
弟繼成 啓宗庠生
娶喻氏
子函珍 函夏庠生 函璞 函藻

洪觀光

福建泉州府同安縣軍籍監生 字共[illegible] 號[illegible]
儼思 治春秋 行一 乙亥十月十三日生 丁
酉鄉試五十二名 會試二百八十三名
廷試三甲九十四名 兵部觀政 授直隸常州府武進知縣 卒

曾祖繼賓 [illegible]
祖𣳾 [illegible]
父朝晃 [illegible]
母葉氏
[illegible]下

兄德仁 邦光 戊辰進士 [illegible] 恍 監生 [illegible] 澄源 丙戌進士 [illegible]布政
𢤱文 明況 生 [illegible] 人 廷元 庠生
弟[illegible]
娶林氏 繼娶黃氏
子[illegible] 朱祚 監生 朱祉 朱禄 朱祜 朱[illegible] 朱禮 朱礽

李篤培

山東登州府招遠縣匠籍學生字汝植號
仁宇治書行一乙亥十月二十一日生巳
酉鄉試十四名會試十三名
廷試三甲一百四十名戶部觀政授河南開封府儒學教授壬
子陞國子監助教甲寅陞工部營繕司主事

曾祖仲春 [illegible]　兄之華　乃[illegible] 濯 [illegible]
祖棟 [illegible]　弟邁 [illegible] 乃蘭 [illegible] 完貞 [illegible] 乃[illegible] 生 [illegible] 康
父驥 庠生　篋 [illegible]　篤祜 [illegible] 完秉 庠生 遜 [illegible] 篤生 篤[illegible]
母丁氏　娶王氏　繼娶劉氏
具慶下　子起　趨　赴　趦

卒

維

父李

任芳鑑

陝西延安府綏德州軍籍選貢生字黎明

號旻星治春秋行一乙亥十一月初九日

生甲午鄉試五十四名會試二百十一名

廷試三甲二百三十二名吏部觀政授直隸永平府推官癸丑

卒

曾祖志寬歲貢

祖綸[illegible]承德郎

父國相舉人知州

母馬氏封安人

永感下

弟藻鑑　衡鑑　秉鑑俱庠生

娶艾氏

子膺徹

壬子河間考

推

朱明時

原姓名李芳時 順天府武功衛軍籍 福建永安縣人學生字一泉 號

完素治易行二丙子正月初六日生丙午

鄉試三十二名會試一百七十五名

廷試二甲三十四名工部觀政授河南南陽府鄧州新野知縣

壬子本省同考癸丑調光山丙辰察降照磨戊午陞

承天府推官未任改教已未復補山東濟南府推官

[illegible]

曾祖昶

祖鍏

父賓 贈文林郎新野縣知縣

母龐氏 盛氏 贈孺人

永感下

兄懋時

娶黃氏

子履亨 復亨

西壬子同
考主事

趙鵬程

山東登州府萊陽縣民籍增生字伯翔號
仲南治書行一丙子正月初九日生丁酉
鄉試六十九名會試二百八十五名
廷試三甲二百十四名通政司觀政辛亥授山西太原縣知縣
壬子本省同考本年調繁陽曲縣丙辰行取丁巳授刑部
河南司主事
[illegible]

曾祖文祥
祖金福
父啓思 累贈文林郎陽曲縣知縣
母任氏 贈孺人
永感下

兄一舉 儒官
弟 鵬化 一祥 鵬翮 鵬翼 鵬搏 鵬徙 鵬運
娶李氏 封孺人
子錫胤 錫袞 錫極 錫圭 錫誥

未仕

蕭定

廣東潮州府澄海縣民籍選貢生字彥得
號止玄治詩行一丙子正月二十二日生
甲午鄉試三十三名會試二百八十九名
廷試三甲八十五名都察院觀政終養

曾祖瑜壽官
祖道充庠生
父日巖庠生
母徐氏
娶余氏
子元聲庠生 元鯉 元冣

卒

壬子貴州主

考

見進士

王家相

浙江嘉興府海塩縣民籍廩生字維楨號

襟寰治易行二丙子正月二十九日生癸

卯鄉試十四名會試二百二十二名

廷試二甲三十三名與部觀政辛亥授刑部福建司主事壬子

貴州主考癸丑卒

曾祖文達庠生

祖琰

[redacted]

父釗

前母朱氏 母繆氏

慈侍下

兄家材庠生 鄉賓 建中 鈳 咸 洪極監生 守謙 繼曾俱庠生

娶朱氏

子廷階 侄廷俊舉人

馬呈德

山西大同府大同縣人直隸江都縣民籍
選貢生字君敏號景伯治書行二丙子四
月二十四日生庚子鄉試一名會試二百四十九名
廷試三甲三名工部觀政授中書舍人癸丑卒

曾祖英 封朝列大夫
祖文綱 封奉政大夫 平涼府同知
父家棟 [illegible]
母李氏 封宜人
永感下

兄呈禎 廩生
弟呈錫 廩生 呈秀 [illegible] 呈圖 呈瑞 庠生 呈祥 [illegible] 呈易
娶李氏 繼娶王氏 再繼王氏
子[illegible]卿

桂

陶鏞

浙江嘉興府嘉興縣民籍附生字去非號十城治書行一丙子六月初六日生癸卯鄉試九十名會試一百十名廷試三甲五十四名通政司觀政授福建漳州府海澄知縣丙辰左遷江西布政司照磨丁巳陞永平府推官

曾祖昌
祖嵩
父富
母蕭氏 贈孺人
永感下

弟尚華 府掾
娶俞氏 贈孺人 繼戴氏 封孺人
子復 升 恒 井

李廷檳

福建泉州府晉江縣民籍漳州府海澄縣
人 府學生字啓龍號晉澄治易行一丙子六月三十
日生辛卯鄉試七十五名會試二百三十一名
廷試三甲一百七十一名戶部觀政壬子授大理寺評事癸丑
陞寺副 江北恤刑丁巳陞直隸保定府知府

一時 進士三人 舉人三人

曾祖光助
祖鸞
父聰 贈文林郎大理寺評事
母謝氏 贈孺人
永感下

兄廷彩 廷弼 廷應 庠生 廷璡 通判 廷魁
弟甫文 舉人 知府 廷植 甫申 舉人 戶部主事 彬 應
志弘 舉人 知縣 廷桯 廷標 廷鄉 廷緗 廷楠 廷樟 廷檟 廷穆
娶吳氏 贈孺人 繼娶蔡氏 封孺人
子仕佐 庠生 仕昌 仕莊

知 大□□ 府二十三

陳維鼎

江西南昌府南昌縣人進賢縣民籍學生

字九一號象垣治易行五丙子七月二十

日生丙午鄉試二十八名會試一百五十九名

廷試三甲一百六十六名通政司觀政辛亥授浙江奉化縣知

縣調山東沂水縣改教

曾祖九烈

祖策

父封

母李氏

嚴侍下

弟維智 維泰生俱庠 維豫庠生 維春刑科給事 應元同科進士 維謙庠生 維藩

娶傅氏

子以甲 以丙

吳奇逢

福建福州府閩縣民籍晉江縣人學生字
當時號練石治易行十二丙子九月十五日
生癸卯鄉試二十六名會試二百九十六名
廷試三甲二百十七名吏部觀政授廣東程鄉縣知縣丙辰調
[illegible]戊午陞南戶部主事

曾祖長政
祖繼貞
父淵
前母蔡氏　母翁氏
永感下

兄嶽郡庠生稌　茂稽　茂符　茂榴　熙紀庠生　茂稽　茂松　茂穗　茂稔
弟夢俊庠生　志在增生　爾施癸卯舉人　茂棶
娶陳氏　繼娶李氏
子伯龍　少龍　三龍

[illegible]

劉行義

福建漳州府漳浦縣民籍同安縣人學生
字天逵號伊人治詩行三丙子九月二十三日
生庚子鄉試七十六名會試一百二十八名
廷試三甲一百二十四名戶部觀政授廣東廉州府合浦知縣
壬子廣東分考丙辰留部戊午暫提刑部主事候考選

曾祖銓
祖宗立
父用內 鄉飲大賓封文林郎合浦縣知縣
母陳氏 封孺人
具慶下

兄行知 行[illegible] [illegible]
弟行禮庠生 行聞 行仁 行恭 行道 順閣 [illegible]
娶王氏 封孺人
子元汞 元楓 元柯 元相 [illegible]

莊廷臣

直隸常州府武進縣民籍鎮江府金壇縣人監生字龍祥號帝宗治詩行二丙子十一月二十五日生癸卯鄉試九名會試四名

廷試三甲四十一名吏部觀政授浙江溫州府永嘉知縣乙卯本省同考丙辰行取留部八月陞禮部精膳司主事

曾祖□ 庠生

祖寔 庠生

父以潞

母張氏

永感下

兄起家 庠生 起元 同科進士南戶部主事

弟廷弼 廷光 廷謙 廷祥

娶龔氏 繼娶孔氏 濮氏

子春先 瑞先 魁先 長慶

評子 第一舉匯

胡舜胤

江西饒州府餘干縣民籍廩生字明甫號玄谿治春秋行二丙子十一月三十日生

甲午鄉試六十一名會試二百三十三名

廷試三甲一百八十四名吏部觀政授浙江桐鄉縣知縣丁巳

陞[illegible]大理寺評事[illegible]

曾祖吉洪壽官

祖來璪庠生

父大章正貢

母張氏 繼母氏

永感下

兄光陳 省祭 欽孟貢士

弟繼中 夢麟庠生 繼曾省祭 繼全丁酉舉人 繼美同榜進士 希祖廩例監生 拱花監生

娶李氏 娶李氏

子何愧 何作 何欺 何歉

侯震暘

直隸蘇州府嘉定縣民籍學生松江府上海縣人字得一號在觀治易行二丙子十二月初八日生甲午鄉試五十名會試一百六十二名廷試三甲二百三十名通政司觀政授行人司行人戊午七月行取

曾祖廷明 贈[illegible]按察司僉事

祖堯封 [illegible]監察御史 [illegible]

父孔詔 [illegible] 郎行人司行人

母陳氏

具慶下

娶龔氏

弟萬里 庠生 萬鍾 邑庠生 萬家 庠生 履暘 恒暘 庠生

子峒曾 庠生 岷曾 故 岐曾 府庠生

附
浙己酉解元
會十八名卒
知禮房
湖乙卯考
程進士
不卒

包鴻逵

浙江嘉興府秀水籍直隸華亭人監生字儀甫號振瑞治禮記行一丙子十二月十一日生己酉鄉試一名會試十八名

廷試三甲一百三十六名吏部觀政湖廣長沙府湘潭知縣壬子乙卯本省同考丙辰卒

曾祖汴 己未進士四川參議

本生祖櫂芳 丙辰進士貴州提學副使

承嗣祖桂芳 廩生

父世杰 壬午舉人

母金氏 嚴侍下

弟鴻齡 監生 麟趾 驥良 鵬遠 孟坊 墀鳳 鳶聲

娶項氏

子錫永

歐陽照

湖廣鄖陽府竹谿縣民籍江西泰和縣人

學生字文白號成原治易行一丙子十二月二

十九日生庚子鄉試四十五名會試二百七十名

廷試三甲一百四十一名禮部觀政授直隸揚州府儀真知縣

癸丑調扶溝縣丙辰陞南京戶部主事戊午陞郎中

曾祖祿之訓導

祖宗閔學正

父兒歲貢監生

母陳氏

永感下

兄熹歲貢 宗翰詹事府錦衣 洸選貢監丞

弟宗孔光祿寺署丞 淳府學生 紆 絪俱庠生

娶張氏 繼娶吳氏

子開泰 嘉泰 徽泰 繼泰 際泰

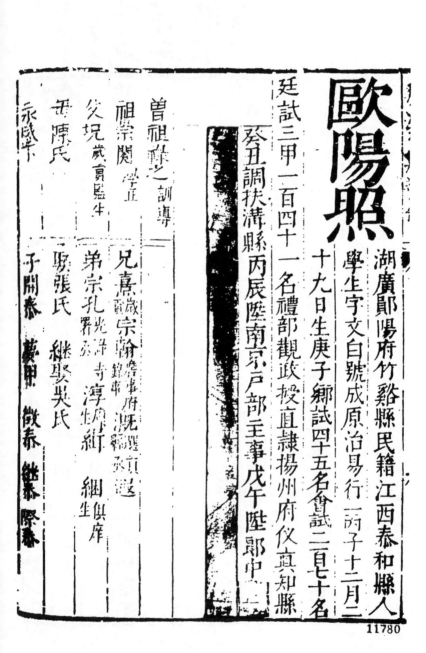

御史 [illegible]
[illegible]參政
天啟年[illegible]上本救
[illegible][illegible]
[illegible]上[illegible]
[illegible]二[illegible]
[illegible]

張慎言

山西澤州陽城縣民籍學生字金銘號藐姑治易行一丁五正月十六日生丙午鄉試四十八名會試八十二名

廷試三甲一百十八名通政司觀政授山東兗州府壽張縣知縣

癸丑調繁曹縣戊午年考選授陝西道御史

曾祖[illegible]

祖[illegible]

父天和 [illegible]

母王氏 [illegible] 繼母 [illegible]

永感下

弟慎修 [illegible]

娶馬氏 [illegible] 繼娶栗氏 [illegible]

子履旋 [illegible] 允[illegible] [illegible]

西安 年

潘大儒

直隸松江府上海縣竈籍附生字漢門號
含赤治詩行一丁丑二月初四日生辛
鄉試九十八名會試七十八名

廷試三甲二百三十四名吏部觀政本年給假丁外艱癸丑授
中書舍人卒

曾祖鈇
祖梓 教官
父允文
母葉氏
嚴侍下

兄伯訓 進士 伯通 丙午舉人
弟大倫 大任 大俊 大御 大傑 大佐 大傳
娶沈氏
子昇

御史
登會二
百八十名
家後出

劉述祖

貫河南陳晉縣　籍貴州貴州衛人　貴陽府附生　丕善　夫號進溪　治禮記　行四　丁丑二月十一日生　辛卯鄉試三十名　會試二百九十八名

廷試三甲一名　刑部觀政　授太常寺博士　丙辰行取　暫擬兵部主事　戊午七月考選廣東道監察御史

曾祖繼宗 指揮使以孝祀鄉賢

祖鎧 守備

父守爵 參將

母謝氏 太恭人　萬氏 恭人

慈侍下

兄效祖 指揮　繩祖 生員　念祖 武舉

弟

娶羅氏 孺人

子知徵　知默　知章　知白

田珍

河南歸德府虞城縣民籍增廣生字天尊
號待溪治詩行四丁丑二月十九日生丁
酉鄉試二十二名會試二百二十六名
廷試三甲一百七十五名兵部觀政授山東冠縣知縣乙卯本
省同考丙辰行取戊午考選授山東道試御史

曾祖進
祖經
父賞
前母裴氏 母高氏 娶張氏 封孺人
兄珙 弟璉庠生 瑞庠生
子國賴廩生 國用廩生 國命

不進
大小…

鄒人昌

湖廣黃州府麻城縣民籍附生字天策號
宸樞治春秋行三丁丑六月二十三日生
庚子鄉試六十二名會試九十八名
廷試三甲二百十三名都察院觀政授直隸上海縣知縣乙卯
論降丁巳左遷淮安府知事丁艱

曾祖東阜庠生
祖必橫庠生
父見雲衡水知縣
母夏氏
嚴侍下

之易[illegible] 道昌 鎮昌 [illegible]之璋 之[illegible] 之傑
近昌 順昌 雄昌

娶封氏 繼娶張氏
子全壽 黃甲庠生 魁甲 宮甲 座甲

文翔鳳

陝西西安府三水縣軍籍學生字天瑞號
大青治詩行一丁丑七月初六日生庚子
鄉試五十二名會試四十名
廷試三甲二百十名兵部觀政授山東登州府萊陽知縣癸丑
調河南伊陽縣乙卯調繁洛陽縣丙辰陞南京戶部主
事戊午調南吏部

曾祖官 選貢贈中書舍人
祖運開 冀州學正封禮部主事
父在中 庚午鄉元甲戌進士禮部主事
母趙氏 封安人
具慶下

弟 翙鳳 翽鳳 岐鳳 翀鳳 鳳 起鳳 來鳳
娶武氏
子明會 明晉 明暈

知湖 壬子 考

董翼

四川瀘州合江縣民籍監生字伯隣號閬
風治書行一丁丑七月初八日生丙午鄉
試三百[illegible]名會試二十一名
廷試三甲一百五十七名[illegible]授湖廣長沙府益陽知縣

[illegible]

曾祖士元 [illegible]
祖瑤 [illegible]
父邦禮 [illegible] 承德郎戶部主事祀鄉賢
前母張氏 贈安人 母常氏 封安人
永感下

弟[illegible] 明 廩生
娶李氏 [illegible] 繼娶游氏 [illegible]
子應參 廩生 應極 應太

張國銳

直隸順天府錦衣衛官籍廩生字貞子號
鍾石治易行二丁丑七月二十三日生癸
卯鄉試十二名會試二百九十名
廷試二甲二十名戶部觀政丁憂癸丑授戶部廣東司主事[illegible]
本科丁巳陞貴州司員外本年陞山東司郎中己未陞河
南彰德府知府[redacted]

曾祖璽錦衣衛千戶
祖文惠[illegible]
父邦垣[illegible]
母丁氏封宜人
慈侍下

兄國錦文林郎通政司經歷
娶劉氏　[illegible]李氏　孫氏　李氏
子其湛　其澄　其清

癸卯同
年

弟年

王世蔭

四川順慶府南充縣民籍廩生字公兆號
瑶源治易行一丁丑七月二十九日生丙
午鄉試五十名會試一百七十九名
廷試三甲三十七名都察院觀政授湖廣長沙府湘潭知縣丁
憂癸丑補直隸霍丘縣乙卯應天同考

曾祖璠 封郎中
祖養賢 知縣
父樓 庠生贈文林郎
母陳氏 贈孺人
永感下

兄世芳 廩生
弟世祚 廩生 建忠 舉人 世衡 世泰 世臨 俱庠生
娶蘇氏 封孺人
子讜 [illegible] 譀 闇 調 訥

周訓

湖廣衡州府耒陽縣籍江西安福縣人廩
生字若甫號醒愚治詩行二丁丑八月二
十七日生癸卯鄉試八名會試二百七十三名
廷試三甲一百二十二名戶部觀政授廣東肇慶府高要知縣
乙卯丁艱丁巳補唐縣戊午陞刑部山東司主事己未卒

曾祖昊
祖益
父繼旦
母蕭氏

兄詰監生
弟詔 謨
娶李氏 繼娶蕭氏 徐氏
子士枋 士楷 士柜

參議

又任延安

李純元

湖廣承天府景陵縣官籍學生字長叔號
增華治詩行八丁丑十月初七日生庚子
鄉試十五名會試一百三十九名
廷試二甲十八名吏部觀政授工部屯田司主事管臺基廠乙
卯陞都水司員外郎管節慎庫丙辰陞都水司郎中調管
繕司戊午陞陝西參議告病

曾祖訢
祖珂庠生
父登癸酉解元庚辰會魁大理寺評事
前母延氏　母譚氏
永感下
兄純臣　純忠　純湛庠生　純心庠生　純仁
弟純素庠生
娶譚氏
子爲谿　成蹊

同姓
印中

賀萬祚

浙江嘉興府海鹽籍嘉興人廩生學孝延
號立庵治書行三丁丑十一月十四日生
癸卯鄉試二十一名會試四十二名
廷試二甲五十名吏部觀政授南京刑部主事壬子調禮部甲
寅陞本部主客司郎中 本年丁憂丁巳復除兵部武選司
[illegible]

曾祖岳
祖陛
父南艮
母彭氏
永感下

兄爌然 萬春 萬全 萬化 炳然 遴可 萬鎌
弟萬淳 萬紱 備辰 萬篇 煒然 俱庠生
萬瑚 萬綬 萬晉 萬積 萬祉 萬祥 萬松
娶姚氏 繼娶
子仁修 搢

副使

方本

張泰禎

浙江紹興府會稽縣民籍廩生字宇全號
續會治易行三丁丑十二月十九日生辛
卯鄉試三十五名會試一百十三名
廷試二甲十二名工部觀政授刑部雲南司主事陞員外郎中
乙卯陞福建福州府知府戊午陞湖廣副使
[illegible]

曾祖奎
祖廷綵
本生祖廷震
父文相 封刑部員外郎
母蕭氏 封安人 永感下

兄夢禎 [illegible] 夢祿 [illegible]
弟文炳 [illegible]
娶謝氏 贈安人 馬氏 [illegible]
子孟昱

孫
知府

馮聖世

四川瀘州合江縣軍籍學生字道昌號慈
旭治詩行二丁丑十二月二十八日生巳酉
鄉試十六名會試一百十一名
廷試三甲一百九十一名兵部觀政授大理寺評事陞寺副乙
卯陞右寺正丙辰陞廬州府知府丁艱

曾祖惠 鄉賓
祖大選 壽官
父崇 以子聖世貴勅封大理寺右評事
母王氏 勅封孺人
具慶下

弟名世 庠生
娶劉氏 孺人 繼娶楊氏 李氏 勅封孺人
子夢皋 庠生 夢宜 夢呂 夢熊 夢康

黃卷

福建泉州府晉江縣民籍附生字舒之號

鄭樓治易行一戊寅正月初八日生巳酉

鄉試八十八名會試一百四十六名

廷試二甲十六名通政司觀政授戶部陝西司主事壬子差易

州管倉陞員外郎中乙卯陞浙江嚴州府知府 卒

曾祖質聰

祖德厚

父大守

母沈氏

慈侍下

弟經 吏員 朝宗 庠生 詰 猷 謀

娶許氏

子肩吾 省吾

江西壬子
同考

陳琦

四川敘州府宜賓縣民籍增生字國偉號
元璞治書行三戊寅正月二十四月生庚
子鄉試六十七名會試一百三名
廷試三甲一百八十五名吏部觀政授江西信豐縣知縣壬子
本省同考試丙辰陞南刑部主事

曾祖朝相
祖文
父萬邦 贈文林郎
母凌氏 贈孺人
永感下

兄瑞 璋
娶李氏 封孺人
子用中 建中

管應律

陝西西安府咸寧縣軍籍廩生字正之號六我治易行二戊寅正月二十五日生庚子鄉試十七名會試二百七十二名

廷試三甲一百八十六名戶部觀政辛亥授直隸元城縣知縣乙卯被論戊午左遷江西布政司照磨

曾祖桂

祖霑鄉賓

父謝廩生

母白氏

慈侍下

兄應虞庠生

弟應元儒官　應試儒士　應明　應陽　應龍

應曉　應斗　應星

娶楊氏　繼娶李氏　張氏

子庚　奇　玄　鑑　鮑　禎

熊維卿

江西南昌府南昌縣民籍附生字以世號松門治易行一戊寅三月十二日生庚子鄉試四十七名會試二百八名廷試三甲一百二十八名刑部觀政授湖廣永州府祁陽知縣

癸丑致政

曾祖倧安吉州判[illegible]

祖滌[illegible]知州

父璡

母謝氏

永感下

兄熾柳州府同　維易新會主簿　維持庠生　維膏南京刑部郎中

維鏜甲午舉人新會知縣　維新丙子舉人

弟維夏庠生　維巵　維鏑　維彥庠生

娶鍾氏

子曰愨　曰慧　曰懋　曰懃

王聘 汾

王聘

河南南陽府鄧州籍附生字以珍號見素

治易行一戊寅五月十二日生甲午鄉試

七十七名甲辰會試二百三十名

廷試三甲一百六十名刑部觀政授直隸平山縣知縣癸丑調

真定縣丙辰陞戶部雲南司主事

曾祖民

祖仕昂

父朝卿 封文林郎真定縣知縣

母張氏 贈孺人

嚴侍下

弟愛 取

娶張氏 封孺人

子祚隆 祚延 祚恒

孫昌裔

福建福州府閩縣民籍學生字子長號鳳林
治禮記行二戊寅七月初三日生癸卯鄉
試三十五名會試一百三十三名
廷試三甲五十三名都察院觀政除改浙江湖州府教授癸丑陞
國子監學正乙卯陞戶部浙江司主事

曾祖文海
祖廷枝 庠生封文林郎崇德知縣
父承謨 癸未進士浙江崇德知縣
母林氏 封孺人

兄昌衍 昌祚 昌樑 昌棨
弟昌基 昌國 昌會 昌運 昌齡 昌岡
昌曆 昌泰 昌祿 昌祖 昌全 昌明 昌榮
娶鄭氏
子祖穀 玉綬 鳳雛

歐從雲

福建泉州府惠安縣民籍附生字天孚號
騰滄治詩行一戊寅九月初二日生癸卯
鄉試二十七名會試一百二十五名
廷試三甲一百五十四名戶部觀政授浙江加興府推官卒

曾祖子明
祖崑
父憲 庠生 冠帶大賓
母郭氏 繼母何氏
具慶下

兄維翰 鼎 俱庠生
弟燁 丙子舉人 爍如 煌如 烱 焞 燭 俱庠生
娶陳氏
子壁 奎

白竹

湖廣岳州府華容縣民籍學生字長儒號
[redacted]治書行三戊寅十月十六日生癸卯
郷試八十一名會試六十四名
廷試三甲一百九十二名刑部觀政授南京行人司司副乙卯
陞南京戶部江西司員外郎丁巳陞郎中戊午陞江西建
昌府知府[redacted]

曾祖汝弼 壽官
祖仁 辛卯舉人、柘城知縣
父起旦 戊午舉人、雞澤知縣
母程氏
永感下

兄羽 選[illegible] 繇 [illegible]生 翃 炎 俱庠生
弟瑜 珏 圭 俱庠生 昌 庠生
娶陳氏
子洵 庠生

杜熙陽

廣東廣州府南海縣民籍附生字曜均號光藜治詩行一戊寅十一月初七日生庚子

鄉試二十八名會試二百二十八名

廷試三甲一百十五名工部觀政授浙江湖州府歸安知縣癸

丑卒

曾祖聰

祖世禎

父士偉府官

母陸氏　繼馮氏

具慶下

弟煥然

娶麗氏　繼娶張氏

子秉樞　秉衡　秉中

河陰
己酉安存全
二百八十二等
癸丑致仕
孔務
知縣

徐培植

河南衛輝府獲嘉縣軍籍廩生字彥成號
函谷治禮記行一戊寅年十一月十七月生
己酉鄉試五名會試二百九十三名
廷試三甲二百七名兵部觀政授直隸青浦縣知縣癸丑致政

曾祖儒
祖九賦府吏
父宗郁壽官
母劉氏
重慶下

兄培基　培業　培茂
弟培忠　培孝　培廉　培潔
娶薛氏　繼娶郭氏
子士琥生員　士瓚生員　士珍

推
巖壬午
署孔懷
慶作知
府
平曾孔趙
手閱

石維嶽

直隸永平府欒州民籍增生字大岳號五
峯治易行二己卯二月初五日生庚子鄉
試五十名會試七十七名
廷試三甲七十八名兵部觀政授河南開封府中牟知縣癸丑
被論降補河東監運司知事丙辰陞四川龍安府推官

曾祖傑欒陽大使
祖礦守及番理
父璞順德大使
母王氏
永感下

兄維岱庠生
弟維岩 維巘 維崗 維岫
娶謝氏
子甫 申 周

來年仕

又進士

周士阜

山東萊州府即墨縣軍籍監生字子寅號
明崖治易行一己卯二月初八日生丙午
鄉試十一名會試一百二十二名
廷試三甲六十八名都察院觀政本年卒

曾祖尚美
祖賦 贈奉議大夫右春坊右中允
父如砥 己丑進士國子監祭酒
母張氏 封安人

兄墳 權武生 桂 坫 机 樹 棋 梯武生 櫝 寓 楫 烱庠生 堂
弟陞 臺 梓 垣 墩 爝 熑 里 培 濟 [illegible]
熛 焆庠生 燁 演
娶解氏 繼娶江氏

商侃祥

湖廣承天府鍾祥縣民籍附生字咸一號癸吾治易行二巳卯二月二十八日生
卯鄉試七十五名會試二十八名
廷試三甲一百名都察院觀政授直隸順德府任縣知縣卒

曾祖大魁

祖贊 選貢任陝州

父頌

母龔氏

永感下

兄侃吉 冠帶儒士

弟侃熹 侃亨

娶柴氏 李氏 繼娶高氏

子原濬 原哲 原契 原履 原甲

吳其貴

廣東韶州府英德縣民籍廪生字偉爵號
儼五治書經行一已卯三月初六日生癸卯
鄉試六十六名會試二百三十六名
廷試三甲五十九名戶部觀政授浙江嘉興府秀水縣知縣丁
憂起復補任福建邵武府邵武縣知縣

曾祖璉 [illegible]
祖世榮
父紀
母陳氏

弟其賢 其贊 其貫 其實
娶張氏
子藩藻

新科會試
三百三名
錄此

蔡邦藩

福建泉州府晉江縣民籍廩生字子蕃

寒井治禮記行一巳卯三月十八日生癸

卯鄉試五名會試三百三名

廷試三甲二百十九名戶部觀政授浙江麗水縣知縣卒

曾祖倪芭

祖甫明

父日新

母何氏　繼母龔

慈侍下

兄邦陽　邦朔　邦基　鍾有　同榜卒八

弟邦瀠　邦壬　邦樑　邦溎

娶鄭氏

子彥驥　彥駒　彥騄

…錄

張論

河南河南府永寧縣民籍，選貢生，字建白，號葆一，治易，行一，己卯四月初四日生，庚子鄉試三十二名，會試九十五名，

廷試三甲一百五十九名，兵部觀政，癸丑授行人司行人，戊午考選陝西道御史，[illegible]

曾祖朴

祖総

父士翁

母朱氏

弟誼 生員 [illegible] 誥 生員 詔 生員

娶段氏

子聘延 [illegible] 應延 生 [illegible]

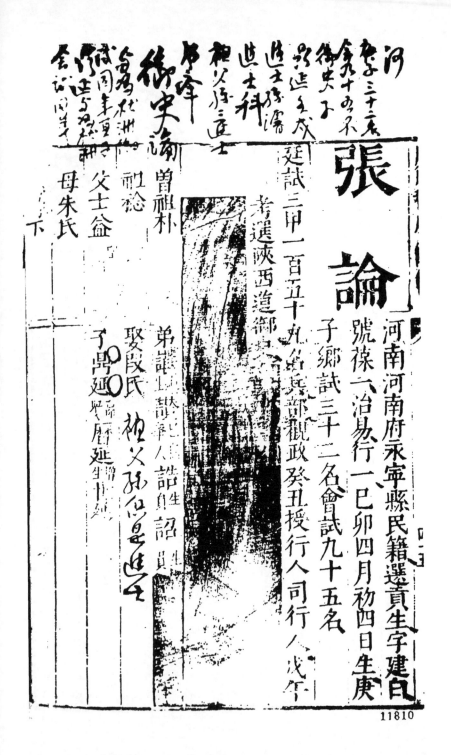

未仕卒

知縣

唐中醒

[illegible]浙江湖州府歸安縣民籍學生字亞先號

治易行三巳卯五月初六日生丙午

鄉試六名會試一百四十三名

廷試三甲一百五十三名吏部觀政卒

曾祖諾 南京兵馬 兄番憲 庠生 番統 楚 際盛 庠生 增廣生 訴 新 試 志學 庠生

祖栻 恩褒祖樞 丙戌進士 弟非輿 庠生 在爵 世埏 廩生 中際 庠生 在茲

父勳弼 庠生 在躬 在位 在庭

母張氏 繼母楊氏 娶潘氏 繼娶陶氏

具慶下 子兆欽 兆燁 兆燈 兆鍾

抽

朱國盛

原姓名盛国華松江府華亭縣民籍附生字敬韜號雲來治春秋行三己卯五月十八日生甲午鄉試七十五名會試二百五十一名廷試三甲二百三十九名吏部觀政壬子丁憂授工部都水司主事丁巳荊州抽分

曾祖旭
祖錫
父河　母盛氏
生母趙氏
慈侍下

兄國英
弟國萃
娶孫氏　繼室宋氏
子一儁　一俙

夏嘉遇

直隸松江府華亭縣民籍附生字正甫號
綿北治書行二己卯六月三十日生丁酉
鄉試三十五名會試二百六十六名
廷試三甲二十五名吏部觀政授直隸保定府推官戊午陞禮
部祠祭司[illegible]

曾祖綎 贈徵仕郎
祖應元 安吉州同知
父世英 庠生
母唐氏
永感下

兄大漢 庠生 大奎 大典 大章 大年 庠生
嘉述 弟嘉逢 道行 道明 俱庠生
嘉運 嘉遠 嘉選
娶郁氏
子長慶 長禧 長泰

年

曾孔遇

四川成都府井研縣民籍增生字惟心號
翺羽治詩行一己卯七月十九日生甲午
鄉試十九名會試一百四十二名
廷試三甲一百九十名兵部觀政授浙江縉雲縣知縣卒

曾祖顯 庠生
祖海 表勸老[illegible]
父侍 庠生
母宋氏 [illegible] 前母胡氏
慈侍下

兄孔化
弟孔造 禎 祐 祥 裕 祺 禮
娶李氏
子夢麟 夢麒 夢熊 夢龍
[illegible]夢鄉

新鄉
丙午二十五名
會試十二名
歷任
授道光
習翰林

郭浣

河南衛輝府新鄉縣民籍學生字季昭號[illegible]
孟諸治易行四己卯九月初六日生丙午
鄉試二十五名會試七十二名
廷試三甲二百十二名都察院觀政授行人司行人

曾祖孔嘉
祖千之（[illegible]主簿贈[illegible]陽府通判）
父蒙吉（[illegible]州府同知封奉政大夫）
母王氏（封宜人）
慈侍下

兄澇（[illegible]） 浥（右春坊右[illegible]兼翰林院侍講） 滌（[illegible]）
娶茹氏
子士柟 士楷 士棟

重甲
服
四七今年
不存

直隸常州府無錫縣軍籍附生字善長號方莪治書行一己卯九月二十五日生己酉鄉試七名會試七十一名

賈允元

廷試三甲五名都察院觀政授行人司行人丙辰陞禮部儀制司主事[illegible]

曾祖思 庠生

祖時習 府卒老[illegible]

父應德 庠生

母盧氏

慈侍下

兄如璋 [illegible]衛

弟允恭 監生 允諧 鴻臚寺序班 允鼇 監生 允升 生員

允執 允濟 允殖 允熙 允寧

允衡 允吉

娶黃氏

子本仁 祖義

壬子

本年

張夢鯨

山東濟南府齊東縣軍籍學生字仲鱗號

華陽治易行二巳卯十月初六日生癸卯

鄉試四十一名會試二百八十一名

廷試三甲二百十名工部觀政癸丑授大理寺左評事甲寅五

月陞戶部山西司主事乙卯三月丁母憂戊午四月起復

原職[redacted]

曾祖玉

祖公朝 增生

父調元 廩生儒官

母李氏

具慶下

兄夢鵉

弟夢蛟 丁酉 本人

娶趙氏 繼娶楊氏

子經綸 經綿

吳廷雲

福建汀州府長汀縣軍籍學生字叔韓號

白滙治詩行一己卯十一月十一日生癸

卯鄉試六十名丁未會試五十三名

廷試 一甲五十五名大理寺觀政授浙江紹興府山陰知縣癸

丑被論調江西永新縣乙卯陞蘇州府教授陞南國子監

助教陞南京戶部主事

曾祖乃榮

祖喬壽 官

父弘仁

母張氏

永感下

弟廷雪

娶曾氏

子在應 在蘇 在松 生 俱庠 在楊 在湖

己酉廿十
素在金七
古衣八
郎中

李乃蘭

山東登州府招遠縣匠籍學生字汝佩號
明馨治書行二巳卯十二月初十日生巳
酉鄉試七十五名會試七十九名
廷試三甲一百十九名大理寺觀政辛亥二月授四川叙州府隆昌知縣
陞安慶府教授陞國子監博士甲寅陞戶部山西司主事
丁巳陞郎中衞州管[illegible]
[illegible]

曾祖仲春[illegible]
祖梅部司經歷
父其紳廩生
母溫氏
慈侍下

兄之華 乃芝廩生 澤典史 遲庠生 篤培鄉會同榜
邁庠生 弟完貞廩生 乃蕙庠生 進庠生 乃葵廩生
遐庠生 篤祐庠生 完東庠生 遜廩生 篤生庠生 篤行
娶于氏 繼娶于氏
子昺 晟 昴 昜 恭

見乙丑第二年

御史

余合中

直隸池州府銅陵縣軍籍監生字子嘉號

初泰治詩行六己卯十二月十六日生癸

卯鄉試三十九名會試二百名

廷試三甲十名戶部觀政授行人司行人壬子順天同考丙辰

行取陞擬工部主事戊午考選擬山東道御史

曾祖珍

祖永亨 贈徵仕郎

父[illegible]

嫡母汪氏 顧氏

母陳氏

永感下

兄建中 懋中 [illegible] 致中 [illegible] 敬中 [illegible]

立中 向中 啓[illegible]

文中 翰林院[illegible] 弟萃 丁酉舉人 翹 辛卯舉人

娶許氏

子熠 熺

沂中

葛如麟

山東濟南府德平縣軍籍廩生字子仁號
朝池治易行二庚辰正月十七日生癸卯
鄉試三十三名會試二百四十五名
廷試三甲四十八名刑部觀政授山西平陽府蒲州臨晉
縣知縣癸丑調繁太原府榆次縣乙卯同考本年陞
戶部江西司主事已未陞本部山西司郎中宣府糧儲

字允

曾祖名多

曾祖守禮 贈太子少保尚書左都御史 祀[illegible]太原謚端肅祀鄉賢
祖引生 廩生贈奉直大夫戶部員外郎
父斯 正四品尚寶司卿
母[illegible]氏 封宜人 [illegible]氏 封宜人
[illegible]下

兄如龍 廩生改官生
弟如鳳 廩生 如彪 庠生 如夔 庠生 如鰲 如鯨
如鶚 如鸞 如鶴 如鷟 如芝 如瑛 如薯
娶王氏 封孺人
子元祐 元祺 元裕 元祉

山東副使
生平為人正直
習于崇禎十
六年二月至
與夫妻五人
死闖賊之難
父子進士
歷任知縣知
府副使兵
備不再[illegible]
居信可聽
人但其年
[illegible]種[illegible]
[illegible]石河治第

賀仲軾

河南衛輝府獲[illegible]
景瞻 治禮記 行二 庚辰三月十
卯鄉試四十八名 會試二百二十
廷試三甲二百二十四名 刑部觀政 壬子三月授陝西醴泉縣知縣 乙卯
年丁外艱 戊午復除直隸青浦縣知縣

十八進學二十補廩二十六中式三十七進士

曾祖[illegible]
祖[illegible]
父[illegible]
母戩氏 繼母李氏

兄伯卿 庠生
弟仲芳 庠生 仲和 生 仲東 生 仲木 生 仲麟 生
娶王氏 仲輪 庠生
子敏猷 庠生 敏[illegible] 敏教

孫振能[illegible]

[illegible]一下

王命新

山東兗州府汶上縣民籍學生字又新號坦山治詩行二庚辰三月十八日生癸卯鄉試二名會試二百九名

廷試三甲一百七十四名兵部觀政授直隸常州府推官丁憂丙辰復除保定府推官戊午陞府戶部主事

曾祖士傑

祖詔庠生

父鉞

母焦氏

慈侍下

兄自省 揚俱庠生 應伸庠生 擇

弟運新庠生 合新 化新 曆新庠生 際新

娶龐氏

子玄中 玄疆 玄恪

正曆卿罗未
會山ン十一
徭濟
祖奉大夫年

吳瑞徵

直隸蘇州府吳江縣匠籍監生字仲庚號
元谷治易行二庚辰四月二十九日生己
酉鄉試四十二名會試六十一名
廷試二甲二十八名工部觀政壬子四月授工部虞衡司主事
乙卯陞營繕司員外郎陞郎中丁巳陞江西饒州府知府

曾祖巖 正德戊辰進士四川右參政
本生曾祖山 正德戊辰進士刑部郎中贈
祖邦模 光禄寺署丞
生祖邦杰 辛酉舉人
父承廉 辛酉舉人
母[illegible]氏　生母[illegible]氏
永感下

兄嘉徵 監生
娶楊氏
子恪 庠生　慥　恂

壬子

八奉

吳之甲

江西撫州府臨川縣民籍附生祖籍進賢
人治春秋字元秉號蒸勉行三庚辰六月初二
日生甲午鄉試四十九名會試一百八十三名
廷試三甲十四名兵部觀政授直隸松江府推官壬子應天同
考乙卯湖廣同考丙辰行取丁巳補工部營繕司主事陞

曾祖符生
祖珽 原例冠帶
父宗漢 以子中舉人高敕贈 徵仕郎松江府推官
母鄒氏 贈孺人
永感下

兄之才 庠生
弟之犀 庠生 之仁 致仕從上 見任州吏
娶楊氏 封孺人
子奇杰 庠生 竑杰

正習卿十二会
二百五
三甲一

謝渭

浙江寧波府定海縣灶籍學生字道淵號
鑑止泊詩行四庚辰六月十二日生己酉
鄉試十一名會試一百十四名
廷試三甲一百三十一名工部觀政辛亥授大理寺右評事壬
子陞右寺副乙卯陞左寺正雲貴恤刑戊午四月陞刑
部貴州司郎中

曾祖庭芝
祖維寧
父大綸
母慎氏
慈侍下

兄復初庠生　瀚
弟湘
娶張氏
子泰道　泰臻　泰瑞　泰階　泰登
泰常

己酉鄉七十三
會二百六名
知卒

鄭懋綸

廣東廣州府南海縣民籍順德縣人庠生
字承聚號景璧治詩行一庚辰七月初五
日生己酉鄉試七十三名會試二百六名
廷試三甲一百十六名都察院觀政江西臨江府新淦知縣卒

曾祖應文知縣
祖用夏知縣
父僑
娶張氏

兄桂芳庠生 學芳
弟廷玉庠生 懋中 學曾 懋齡 之鸞
司直 懋華庠生 之鶚 懋良庠生 懋經
娶劉氏
子嘉命 嘉會

主事

程策

直隸徽州府休寧縣民籍附生字廣可號
恭寰治易行二庚辰八月初四日生癸卯
鄉試九十一名會試二百十九名
廷試三甲十七名刑部觀政授陝西西安府推官丁憂戊午
補袁州府[illegible]廣西司主事
[illegible]

曾祖永大
祖號
父尚賓 封文林郎西安府推官
母詹氏 封孺人
永感下

兄元章
弟元良 儒士 元鼒 元佐
娶范氏 贈孺人 繼娶汪氏 贈孺人
子其蘊 庠生 其蓄 其蕃

河
壬子順天
同考
[illegible]

曹烽

河南南陽府新野縣民籍增生字在魯號
聚垣治書行五庚辰八月初五日生丙午
鄉試三十三名會試二百八十八名
廷試三甲二百四十一名吏部觀政壬子順天同考

曾祖綸　飲賓
祖洪　選貢
父椒　庠生儒官
母孟氏
具慶下

兄燿　燧　脩　贊　光　光燮庠生　光啓增生
弟爀壬子舉人　弘　烺　爔　炬庠生　燁
娶劉氏
子增　埈　堪　[illegible]　釋熊

河
甲午三名
紀午

李躍龍

河南歸德府商丘縣籍夏邑人學生字抱
一號禹門治書行一庚辰八月二十日生
甲午鄉試三名會試二百六十九名
廷試三甲二百十六名授戶部觀政授湖廣武昌縣知縣甲寅被
論乙卯左遷山東按察司照磨丙辰陞長山縣知縣卒

曾祖聰
祖隨
父光大壽官
母劉氏
永感下

弟應龍 見龍 猶龍 雲龍
娶范氏 繼娶任氏
子珪 璋 琮 璜 珩 瓚

丙午升三會
一百二十歷任
江南御史
民間商戲
巡按指揮
仕劉見他
湖廣王蓮
陝王正義
督江巡按

丘兆麟

江西撫州府臨川縣民籍學生字毛伯號

太丘治易行四庚辰九月初八日生丙午

鄉試八十三名會試一百二十名

廷試三甲二百三十六名吏部觀政壬子授行人司行人戊午

考選雲南道御史

曾祖瑞玉

祖僉佐

父御琇 封行人

母李氏 奉旨建坊 旌表節孝

永感下

娶楊氏

子而旭 而昶 而煜 而爾

壬子
乙卯湖考
戊午考
丙午

徐日久

浙江衢州府西安縣民籍附生字子卿號魯人治禮記行十五庚辰九月二十一日生丙午鄉試四十三名會試二十五名

廷試三甲三十六名都察院觀政授直隸松江府上海知縣癸丑降湖廣布政司檢校本年撫按會題陞武昌府江夏縣[illegible]乙卯[illegible]丁巳陞工部[illegible]

曾祖元甫 淮府典膳

祖淳 壽官

父一樾 封文林郎江夏知縣

母鄭氏 封孺人

具慶下

兄日進 廩生 日[illegible] 府學生 日儻 庠生 日能 日昇 府學生 日棨 日增 日嚴 理問

日微 庠生 日曙 癸卯舉人 日莛 日乾 府學生 日炳 庠生 日和 縣學生

弟日覓 丙午舉人 日照 監生 日近 日崖 俱庠生 日曉 日順 日階 日徽 俱生

日昕 庠生 日昊 日倜 庠生

娶鄭氏 封孺人 子應陽 庠生 應餘 應京

戊午湖廣主考
本省進士

馬之騏

河南南陽府新野縣民籍學生字時良號康莊治春秋行一庚辰九月三十日生丙午鄉試二十三名丁未會試二百八十三名
廷試一甲二名授翰林院編修丙辰會試同考戊午湖廣主考

曾祖玘
祖文經 贈中憲大夫 淮安知府
父化龍 丁丑進士 大夫 兵部尚書
母王氏 累封恭人

弟之駿 庚戌進士 戶部郎中 之驊 庠生 之騮 之驥 庠生
之騊 之騄 之駰
娶張氏 贈孺人 繼娶李氏 封孺人
子 超宗

朱欽相

江西撫州府臨川縣民籍選貢生字懋忠
號如容治詩行一庚辰十月初五日生庚
子鄉試四十名會試三十三名
廷試三甲六十六名工部觀政授浙江嘉興府平湖縣知縣丁
憂丙辰補廣東南海縣知縣

曾祖源正
祖伯鶚
父邦喜 戊子貢入監浙江嘉興府同知進階奉直大夫
母吳氏 贈宜人 前母黃氏
永感下

兄欽聘 欽韶 庠生 欽聰
弟欽膺 欽選 俱庠生
娶聶氏 封孺人
子斯繩 斯純 俱庠生

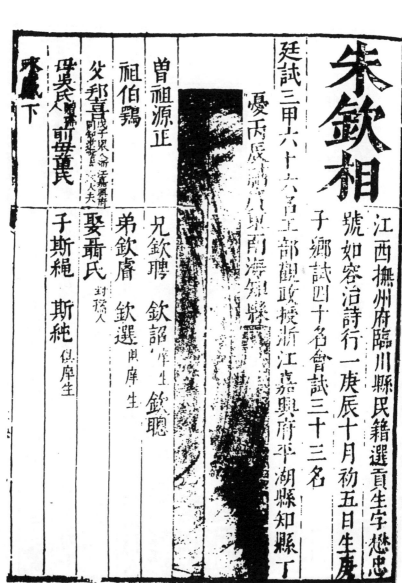

郭興治

直隸河間府東光縣民籍學生字匡世號

熙明治易行三庚辰十月十三日生丙午

鄉試二十三名會試二百九十二名

廷試三甲二百三十三名吏部觀政丁憂甲寅授行人司行人

曾祖思 壽官

祖崇 [illegible]

父得舉 母王氏

[illegible] 年 [illegible]王氏

[illegible]下

兄升治 庠生 大治

娶馬氏

子

陞御史

江秉謙

直隸徽州府歙縣民籍廩例字兆豫號蟾城治書行一庚辰十一月二十八日生巳酉鄉試八十二名會試二百二十一名

廷試三甲三十五名工部觀政授浙江寧波府鄞縣知縣壬子本省同考丙辰行取留部戊午考選授山西道監察御史

曾祖廷俊 義官

祖濟 贈新安衛武略將軍

父應曉 贈文林郎浙江鄞縣知縣

前母胡氏 母汪氏 封孺人

永感下

兄秉恩 王府典膳 騰蛟 承差

弟騰鯉 學生 秉厚 府庠生 騰鯤 監生 秉羔 禮部儒士

秉薰 禮部儒士 秉樞

娶汪氏 封孺人

子玉冰 庠生 玉波 庠生 玉荷 一瀲 玉磁

河南開封府陳州民籍廩生字游伯號乾
慶治書行二庚辰十二月初二日生巳酉
鄉試六十一名會試九十七名

于之大

廷試三甲二百二十九名都察院觀政甲寅授大理寺左評事
歷寺副寺正戊午陞山西平陽府知府

曾祖廷輔
祖蒼
父情
母王氏
永感下

兄養氣
弟可大庠生之深
娶張氏 繼劉氏
子鶴齡 石齡 海齡

徐騰芳

直隸寧國府宣城縣儒籍學生字雲卿號玉臺治易行九庚辰十二月初六日生丙午鄉試三十二名會試九十九名

廷試三甲一百一十七名都察院觀政授四川成都府新津知縣調富順縣甲寅陞江西九江府同知丁巳陞戶部員外郎

曾祖詢

祖儒

父元學

母陶氏

永感下

兄先芳 大芳 定芳 兆疇衛兵坐營

申慶貢生 夢麟增生 瑞芳 臣慶壬午舉人 蘭芳

弟中瀛監生 廷慶監生 之慶庠生

娶孫氏

子一奎 一壁 一斗

陞御史

趙于逵

陝西西安府盩厔縣軍籍學生字羽孟

華峯治易行一庚辰十二月初六日生巳

酉鄉試三十名會試二百三十八名

廷試三甲二百三十一名大理寺觀政授行人司行人戊午選

雲南道試御史

曾祖御 贈同知

祖廷璣

父嵩

母蕭氏

慈侍下

弟于前 庠生

娶王氏 繼娶李氏

子𦢊 聤 庠生

癸丑

高棟

直隸廣平府曲周縣民籍增生字隆吉號
滏生治詩行一庚辰十二月初七日生丙
午鄉試一百十六名會試二百五十九名
廷試二甲四十一名刑部觀政壬子授戶部河南司主事
被論降乙卯卒

曾祖天祿
祖繼宗
父好問 行唐縣教諭
母魏氏 繼母張氏
永感下

弟標 楨 俱生員 梓 權 栖
娶劉氏 繼娶王氏 張氏
子京

施槺

浙江湖州府歸安縣民籍學生字仔吾號
澹寧治書行二辛巳正月初六日生丁酉
鄉試八十三名會試八十九名
廷試三甲一百四十九名都察院觀政授廣東肇慶府高明縣
知縣乙卯調繁順德縣本省同考戊午本省同考

[illegible]

曾祖泰 登仕郎
祖大有
父嘉 封文林郎
母范氏贈孺人 繼母黃氏
具慶下

兄槺 壽明乙未進士任刑部事 尚文儒士 浚明壬辰進士湖廣參政
尚質儒士 尚彬歷經 尚忠儒士 有慶 湛明
朝明 用明生 俱庠 弟淳化監生 玄度
象明 滋明生 俱庠
娶潘氏封孺人
子曾德 [illegible]

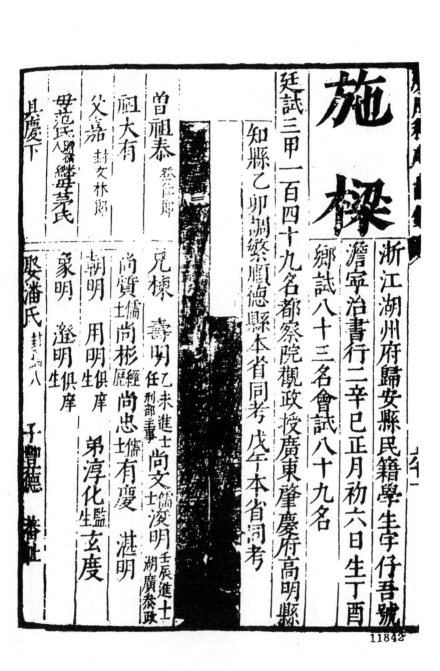

吏部
丙午山西
大主考

周文煥

陝西西安府富平縣民籍附生 原姓唐改復今姓 字憲章 號闇然 治詩 行一 辛巳正月二十一日生 癸卯鄉試五十名 會試九十二名 廷試三甲八十二名 工部觀政 授山東青州府諸城縣知縣 壬子山東分考 丙辰行取擬禮部主事 本年陞吏部稽勳司主事 丁巳調驗封司主事 調考功司主事 戊午調文選司主事 陞驗封司署員外郎 山西典試 十月調考功司署員外郎 己未給假營葬

曾祖愛
祖鳳
繼祖唐得春 ■
父貞濟 原姓名唐[illegible]吏 封諸城縣知縣
母趙氏 [illegible] ■ 具慶下

兄文榮
弟文燿 文爛
娶竇氏 [illegible] 繼娶武氏 封孺人
子有屏 庠生 有冀 有造

卒。

朱明昌

四川成都府漢州民籍附生字伯際號褒
明治詩行一辛巳二月十二日生丁酉鄉
試四十八名會試二百六十五名
廷試三甲一百五十六名禮部觀政授湖廣房縣知縣卒

曾祖鑾
祖世祥 鄉飲賓
父詩 學生
母孫氏 前[illegible]氏
慈侍下

弟明揚 庠生 明光 明長
娶黃氏 繼娶邊氏
子恪 惇

辛

癸未進士

趙儆

山東萊州府膠州軍籍廩生字省甫號□
清治易行二辛巳二月二十五日生丙午
鄉試十三名會試二百七十八名
廷試三甲一百二十九名刑部觀政卒

曾祖從龍進階奉政大夫武昌府同知
祖完璧封中憲大夫任肇昌通判
父愼修乙丑進士河南按察司副使
前母姜氏贈恭人 母李氏封恭人
慈侍下

兄倬監生任鴻臚寺序班 儆廩生 僚 儁光祿寺署丞 侃 佐光祿寺監事 佑
伸鴻臚寺序班 仁滋生
弟儒武生 倣 儆生 徽 份 僎增生 俸增生 傃 僩生 偶 信
娶高氏
子乾祥 泰祥

陸夢龍

浙江紹興府會稽縣籍山陰縣人[illegible]

君啓號景鄴治易行十八丙子三月二十

六日生癸卯鄉試四十一名會試十五名

廷試二甲四十七名通政司觀政授刑部山西司主事甲寅陞

山東司員外乙卯陞貴州司郎中廣東主考丁巳陞廣

西提學僉事[illegible]

曾祖垣

祖元鵬

父大奇 庠生 敕贈刑部員外郎

母馮氏 勅封太安人

慈侍下

兄夢斗 辛酉舉人 夢魁 庠生 夢祖 戊戌進士 福建巡按御史

夢璧 監生 夢宣

弟夢蛟

娶潘氏

子惠徵

陳萬善

直隸應天府高淳縣軍籍學生字可一號

備我治易行二辛巳四月初九日生丁酉

鄉試十九名會試一百二十九名

廷試三甲一百二十名通政司觀政授浙江金華府金華縣知縣

壬子本省同考丙辰留部丁巳陞兵部武庫司主事

曾祖積

祖霆暉

父九品 贈文林郎

母龔氏 贈孺人 前母孔氏

永感下

兄時善 典史

弟達善 廩生 璘彩 武舉

娶邢氏 贈孺人 繼娶霍氏 封孺人

子鳴岐 鳴朝 俱庠生 鳴京

何顯宗

山東濟南府德州左衛官籍廩生字昆謀

號鱗陽治詩行二辛巳七月十六日生巳

酉鄉試二十三名會試一百五十三名

廷試三甲六十二名兵部觀政授順天府薊州遵化知縣乙卯

丁[illegible]

曾祖通戶侯

祖文卿戶侯

父大清應襲

母鄭氏

慈侍下

兄繼宗應襲

娶時氏

子慎 恪

鍾惺

湖廣承天府景陵縣民籍江西永豐縣人

[illegible]生字伯敬號退谷治詩行一辛巳七月二十七日生癸卯鄉試十一名會試二十七名

延試三甲八名[illegible]觀政授行人司行人乙卯貴州主考丙辰

[illegible]補工部都水司主事[illegible]

曾祖弘仲

祖山

父一貫 生 繼父一理

母馮氏 繼母陳氏

嚴侍下

弟 㥠 恬 悌 快

娶黃氏

子肆夏 生 庠 修夏 綝夏

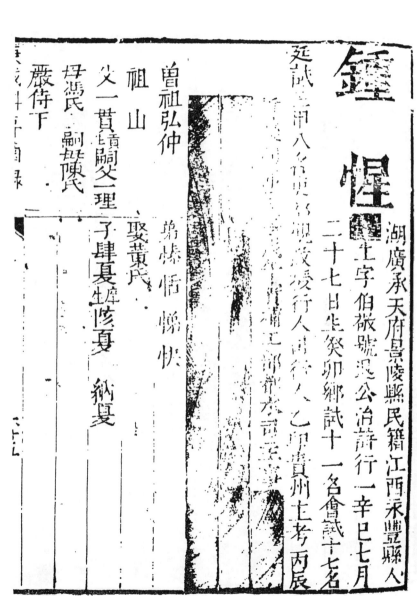

徐爾恒

山東東昌府臨清州民籍增生字彖一號
青壁治春秋行三辛巳八月二十七日生
丙午鄉試十六名會試八十四名
廷試二甲一名吏部觀政授工部都水司主事壬子差杭州抽
分陞屯田司員外癸丑陞營繕司郎中督理三山丙辰
丁外[illegible]

曾祖徐
祖坎 [illegible]
父可道 [illegible]
母羅氏 封安人
具慶下

兄爾節
娶楊氏 封安人 繼娶鄭氏 武氏 封安人
子允祺 允祿 允裕

石應嵩

雲南永昌衛籍直隸丹陽縣人學生字兆甫號濟寧治書行一辛巳八月二十八日生庚子鄉試三十八名會試一百四十八名廷試三甲六十三名兵部觀政授湖廣荊州府江陵縣知縣壬子本省同考癸丑調河南濟源縣乙卯調繁靈寶縣丙辰陞南京兵部武庫司主事戊午卒

曾祖仲禮鄉賓贈承德郎

祖甯丙午亞元封承直郎六安崇化鄉賢

父元麟甲戌進士奉政大夫南京刑部郎中

母劉氏封宜人

嚴侍下

弟應恒 應昆 應華 應岷乙卯舉人 應玹俱貢生

應泰 應崙

娶卓氏

子順祖 顯祖俱貢生 廣祖 慶祖 傳祖

壽祖

顏容暄

福建漳州府漳浦縣軍籍學生字孝儒號
太屏治詩行一辛巳九月初一日生巳酉
鄉試四十六名會試八十六名
廷試二甲二十一名禮部觀政授刑部江西司主事丁憂補工
部屯田司[illegible]

曾祖篤祐
祖君節
父道林
母許氏
具慶下

兄鏳府學生 厚典史
弟容曦 容眼 弼典史 逢陽 增華俱庠生
容曄 粹和監生 從杏 從雲 釋 伸 仲若
娶洪氏 黃氏
子世濤 世登 世彥 世權

鍾世芳

浙江嘉興府秀水縣軍籍附生字惟馨號
玄暢治詩行三丁巳九月初一日生庚子
鄉試五十六名[illegible]會試一百五十八名
廷試三甲八十一名刑部觀政授福建福州府福清知縣[illegible]
丁亥[illegible]縣戊午本省同考本年丁母憂

曾祖奎
繼祖鑄庠生　祖銳贈[illegible]縣丞
繼父奇贈文林郎[illegible]知縣　父清石埭知縣
繼母張氏[illegible]人　母袁氏[illegible]人
永感下

兄世傑庠生　世榮庠生
弟　世懋庠生
娶王氏　繼娶沈氏
子銘勳　[illegible]　[illegible]嘉

張鯤 現年四十歲係山東兗州府平陰縣學生字翼君號鵬洲行一年卅五歲

光緒二年□月初二日生于酉時於光緒十五年名次二百七十名

光緒三甲 中式第□名刑部主事現改授封並知縣調補□□直隸江西道□□監察御史

沈氏

曾祖 松

祖 [illegible]

父 [illegible]

母 汪氏

妻 [illegible]

二

弟 [illegible]

妻 [illegible] 氏

其二子 張 [illegible]

子 [illegible]

喬承詔

山西汾州府介休縣民籍選貢生字掖明
號獻蕫治禮記行一辛巳十月十五日生
癸卯鄉試三十一名會試一百六十九名
廷試三甲一百八十一名都察院觀政授直隸真定府冀州南宮
縣知縣丙辰行取皆擬刑部主事戊午考選授廣西
道御史

曾祖鈸
祖倚 耆賓
父[illegible] 庠生 封[illegible]
母[illegible] [illegible]氏 [illegible]氏 [illegible]氏

弟承詔 禮部儒士 承謨
娶董氏 贈孺人 繼娶侯氏 郭氏 梁氏 封孺人
子遷 遴

衛輝知府

苗進忠

直隸大名府魏縣民籍增生字藎臣號沇[illegible]
吾治詩行一辛巳十月二十八日生甲午
鄉試六十名會試二百二十三名
廷試三甲一百八十八名禮部觀政授山東濮州知縣 壬子
調壽光縣丙辰陞南京大理寺評事十[illegible]降保定府教授
戊午陞陝西鞏昌府推官[illegible]

曾祖浩 娶羅氏 繼娶陳氏
祖德 子挺然 挺秀
父公
母劉氏
永感下

四庫書影(?) 九十

江桂

四川潼川州中江縣軍籍學生字元直號
一愚治春秋行一辛巳十二月十五日生
庚子鄉試四名會試六十三名
廷試三甲一百五十名通政司觀政授直隸溧陽知縣卒

曾祖俊　兄松選貢
祖廷瓏　弟梧杭生俱庠
父文琨　娶謝氏　繼娶吳氏
母湯氏　許氏　子鼒明　祚明　見鯤　藩明　秖明
王氏　慈侍下　一　翰明

王安舜

廣東廣州後衛官籍南海縣學生字性父
號醒泉治書行三辛巳十二月二十四日
生庚子鄉試四十九名會試六十七名
廷試三甲九十三名禮部觀政授山東濟南府推官

曾祖昺 都指揮使
祖鉦 都指揮使
父沂 都指揮
母許氏 繼母何氏
慈侍下

兄安宗
娶方氏
子作箕 作翼 作璧

鄭之范

山東青州府益都縣民籍廪生字憲正號
龍圖治詩行二壬午正月二十八日生巳
酉鄉試十九名會試一百三十四名
廷試三甲一百七十六名刑部觀政辛亥授內黃縣知縣癸丑
被論左遷河南光州判官乙卯丁艱戊午補許州陞滦
東理刑永平府推官

曽祖豹
祖光壽
父維同
母李氏
嚴侍下

兄之鏞 癸卯舉人
弟之惠
娶張氏
子中立

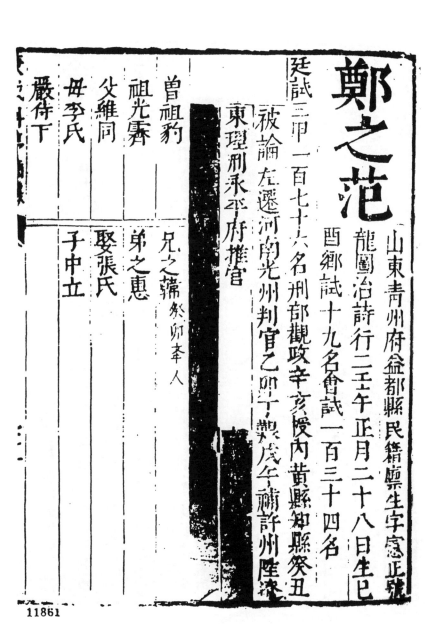

施鵬

福建福州府福清人侯官縣民籍監生字
祖鯤號雲翼治詩行一壬午二月初五日生
癸卯鄉試七十名會試一百五十六名
廷試二甲三十五名戶部觀政欽浙江溫州府教授乙卯陞國
子監助教丙辰陞戶部主事戊午差河西務鈔關養病

曾祖文明
祖廷瑪
父天突
母周氏
[illegible]侍下

兄黙 通 監 雲龍 生庠 守謙 庠生
弟勲 儒 杰 守 部吏 尚禮
娶何氏 繼娶林氏 楊氏
子宛駒 定駒 宗駒

白受采

四川成都府漢州民籍直隸臨城縣人生
字素臣號惺玄治易行二壬午二月十二
日生丁酉鄉試四十名會試十九名
廷試三甲一百七十九名工部觀政授山東新城縣知縣改教
甲寅改平陽府教授丙辰陞國子監助教丁巳陞刑部
主事

曾祖永昌
祖賓
父金
母孫氏　前母龔氏
慈侍下

兄成采
娶劉氏
子含真生庠　含輝　含粹　含章　含譽

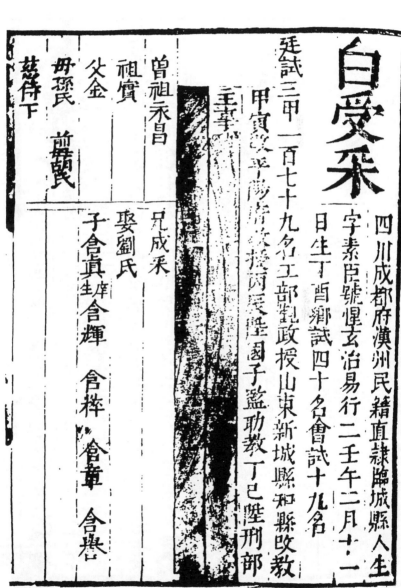

宋統殷

山東萊州府即墨縣軍籍監生字獻微號瀛渚治詩行二壬午二月十三日生丙午

鄉試二十七名會試五十七名

廷試二甲三十九名兵部觀政辛亥授南戶部江西司主事未任丁內艱甲寅補戶部浙江司主事丙辰徐州管倉[illegible]

[illegible]

曾祖[illegible]

凡繼殷庶先紹殷　緒殷把總

祖[illegible]

娶周氏

父榮

子德恪　德慎　德忭

母張氏　前母[illegible]氏　生母[illegible]氏

永感下

户科
曾上本
談天德
移言事
礼房
礼科

甄淑

湖廣黄州府黄岡縣民籍附生字有儀號
錦石治禮記行一壬午二月十四日生癸
卯鄉試六十三名會試三十二名
廷試三甲一百一名都察院觀政授河南開封府陽武知縣
癸丑調太康縣丙辰留部考選擬授戶科給事中丁艱

曾祖宏
祖善 潛山縣訓導
父其賢 增生
母余氏
慈侍下

兄湘 澤 庠生 濟 庠生
弟治 庠生 洵
娶姚氏
子嘉楠 嘉杞 嘉木

福建泉州府晋江縣民籍學生字載陽號
海庚治易行二甲申四月初六日生癸卯
鄉試二十九名會試八十七名

陳應春

廷試二甲五十五名兵部觀政授戶部河南司主事壬子丁憂
丙辰起復原職戊午陞陝西司郎中延綏管糧

曾祖世裕壽官
祖宏銓
父獻淑
母黃氏
永感下

兄維垣 伯英同科進士工部主事 振鵬庠生
弟募春 應垣庠生 上會乙卯舉人 梅癸 振鸞 仲升 叔升俱庠生
廷梧 廷松 元愷[illegible] 象春
娶黃氏
子允焜 允煜 允煌 允爆

鄭元昭

江西撫州府臨川縣民籍附生字二賓號

著存治春秋行二十七壬午四月十一日

生丁酉鄉試五十四名會試一百四十七名

廷試三甲一百三十八名禮部觀政直隸池州府青陽知縣調

繁峙縣丁巳左遷山西布政司照磨

曾祖文嵩

祖旭

父舉 贈文林郎

母劉氏 贈孺人 黄氏

慈侍下

兄象昭 文昭 武昭 全昭 有昭 儒士

楙昭 廩生 之文 同榜進士 萬雄 武舉

弟日昭 庠生 弘昭 義昭 信昭 憲昭 琦 庠生

娶謝氏 繼娶陳氏

子說 沈 瀛 境

鄭振光

直隸常州府　民籍學生字明初
卯初治書行四壬午四月二十二日生巳
酉鄉試十三名會試一百九十一名
廷試二甲十五名通政司觀政癸丑授河南許州知州卒

曾祖潫 光祿寺錄事
祖栢 監生
生祖梓 光祿寺錄事
父邦煜 封承德郎兵部主事
母董氏 封安人　具慶下

兄振元 監生　振先 乙未進士祠部主事欽降四川宣撫司經歷
娶謝氏
子安孫

馮汝京

直隸寧國府宣城縣軍籍監生字宋[illegible]
少伯治易行二壬午五月二十四日生巳
酉鄉試一百三十三名會試一百九名
廷試三甲八十三名工部觀政歷應天武學教授陞國子監博
士癸丑陞戶部雲南司主事丙辰陞山西司郎中遼東
管糧

曾祖椿
祖葵監生
父健鴻臚序班
母劉氏 繼母吳氏
慈侍下

兄汝興廩生 汝騮蓋州衛經歷
弟汝亭監生
娶史氏
子昌齡增生

王志堅

直隸蘇州府太倉州民籍崑山縣人附生
字淑士號聞脩治易行二壬午七月初三
日生癸卯鄉試四十一名會試一百七十三名
廷試二甲五十七名刑部觀政授南兵部車駕司主事陞郎中
丙辰陞貴州提學僉事養病

曾祖三錫 己丑進士知州 進階朝列大夫
生祖璽鳴 按察司知事累 贈刑部員外郎
祖貴憲 按察司經歷累 贈刑部員外郎
父臨亭 己丑進士知府
母張氏 慈侍下

兄志夔 庠生
弟志長 庠生 志伊 志宏 庠生 志容 志審 庠生
志龍 志慶 志望
娶朱氏
子伸 借 敞

副使

盧璜田

廣東廣州府東莞縣民籍附生字虹仲一
字龍升號如麓治春秋行五壬午七月十
六日生庚子鄉試七十三名會試一百十二名
廷試二甲二十二名禮部觀政授戶部湖廣司主事壬子差徐
州管倉甲寅陞員外本年五月陞郎中戊午陞湖廣按
察司副使

曾祖宗興 壽官
祖敬 宜山縣丞
父紹勳 貢士
母黃氏 封安人
具慶下

兄學易 己卯舉人襄府右長史　璠田 庠生
弟顯 丙午武舉　璀田　琥田　珅田 俱庠生
玎田
娶葉氏 封安人
子[illegible]

李茂英

直隸揚州府寶應縣軍籍增生字君秀號
淮南治易行三壬午八月初二日生己酉
鄉試四十七名會試二百五十五名
廷試三甲一百六十四名都察院觀政授江西分宜縣知縣癸
丑調繁淮清江縣乙卯本省同考丙辰陞順德府同知戊午
浙江同考

曾祖鉞
祖棟
父秉虔 贈文林郎清江知縣
母郭氏 贈孺人
永感下

兄茂華 庠生 茂芳
娶張氏 州儀人
子専先 逵先 藻先 植先

卒

陳伯英

福建泉州府晋江縣軍籍附生字畯于號紫濱治書行一壬午八月二十六日生癸卯鄉試二十八名會試一百八十一名

廷試二甲五名禮部觀政授工部屯田司主事卒

曾祖策

祖洋

父立卿庠生

母蔡氏

永感下

弟應春同榜進士

娶王氏

子維駒 維騆

郭忠宁

原姓名陳于宁直隸蘇州府吳縣[redacted]籍附
生字蓋卿號履台治易行二壬午九月初
二日生巳酉鄉試三十二名會試一百一名
廷試二甲四十六名都察院觀政壬子授刑部廣西司主事陞
福建司員外郎尋陞浙江司郎中廣西主考丁父憂戊午
調工部虞衡司郎中

曾祖桂　兄向廷
祖琳　弟葵宸　熙朝　化邦
父喜道 衛州府教授贈刑部員外郎　娶黃氏 贈安人　繼娶孟氏 封安人
母衛氏 贈安人　繼母黃氏　子
生母徐氏 封安人　慈侍下

李達

四川重慶府安居縣民籍學生字道行

生培治詩行一壬午九月初四日生丙午

鄉試二十五名會試一百二十一名

廷試三甲一百十四名工部觀政授浙江湖州府推官戊午考

選陝西道御史

曾祖郁 丁未進士辰州知府祀名宦

祖來孝 中書科登仕郎

父之章

母方氏

慈侍下

弟造 選 俱庠生

娶汪氏 繼娶汪氏

子先甲 光甲 胤甲 芳甲 昌甲

陳應元

江西南昌府進賢縣民籍增生字長孺號
孕初治書行五壬午九月初八日生巳酉
鄉試三十三名會試一百二十六名
廷試二甲五十三名禮部觀政授刑部廣東司主事乙卯差廣
東恤刑

曾祖漢章 蘇州汶知縣

兄應奎 壬午生 應爵 舉人 西 維嵒 同榜進士 汶水知縣 維春 兵科給事中 翰林院庶吉士

祖韡 庠生

弟應瑞 維謙 丙午舉人 應兆 庠生 應完 庠生

父夢鶴 庠生

娶陶氏

母舒氏

子良圖 良國

慈侍下

侄良言 甲午舉人 良訓 癸卯經魁

[illegible]

直隸蘇州府常熟縣民籍附生字[illegible]之[illegible]

尚湖治春秋行一　壬午九月二十六

11878

張國紳

陝西鞏昌府安定縣民籍學生字喜卿號[illegible]

見立治書行五壬午十月十四日生參鄉

鄉試七名會試一百九十九名

廷試二甲五十二名戶部觀政辛亥授戶部貴州司主事壬子

差九江鈔關丁憂[illegible]雲南司主事管西三倉丁

巳一丁內艱[illegible]

曾祖鵷 [illegible]戶部郎中

祖學 丁未進士四川副使進大中大夫祀名宦

父晟 儒官

母王氏

具慶下

兄國經 國綸 國綬生 俱庠 國綱 庚子舉人

弟國維 國纓 國組 國綺生 俱庠 國紘 廩生

娶石氏

子

魏運開

陝西西安府蒲城縣民籍學生字啓元號

二華治易行一壬午十一月十六日生丙

午鄉試二名會試二十三名

廷試三甲二十一名都察院觀政授直隸真定府推官乙卯山

東同考丙辰陞兵部職方司主事

曾祖繪

祖泳

父懼

母張氏

永感下

弟運貞 運政 運熙 運報 運新

運祚 維新 嗣謨 捷生庠 運階

運翀

娶蔣氏

子公价

李春嵩

浙江杭州府錢塘縣民籍廩生字元素號
西峴治易行二壬午十一月十八日生丙
午鄉試五十九名會試一百九十四名
廷試三甲六十名禮部觀政授福建泉州府晉江知縣卒

曾祖廷瑞 庠生
祖景暉 壽官
父上律 歲貢教授
前母張氏 母孫氏
永感下

兄春白 春臯
娶方氏
子喬楫 喬梛

本三卯一百三

丁亥六月廿一日

李楨寧

直隸河間府任縣民籍學生字汝立號敬軒治書行三壬午十一月二十九日生巳

酉鄉試一百三名會試一百七名

廷試三甲九十名兵部觀政授山西平陽府洪洞知縣陞兵部

武選司主事丁艱[illegible]

[illegible]

曾祖穆 贈少師[illegible]部尚書

祖登 贈少師兵部尚書

父渭 [illegible]

母王氏 封太孺人

慈侍下

兄楨國 錦衣衛管衛事後軍都督府都督僉事 楨陛 中書舍人

弟楨恒 [illegible] 楨宇 庠生 楨宸 庠生 楨寧 錦衣衛[illegible]

娶[illegible]氏 [illegible]

子士炤 庠生 士燁 士焜 士煇

河御會 同年 何三二三 會三二八 十九名

楊之璧

河南懷慶府河内縣軍籍學生字錫之號荆岫治易行一壬午十二月十八日生癸卯鄉試三十二名會試二百九十九名廷試三甲二百八名刑部觀政壬子授陝西西安府三原縣知縣乙卯丁外艱戊午補山東聊城知縣

曾祖玄

祖進 贈奉政大夫戶部郎中

父礽東 四川叅政

母宋氏 封宜人

具慶下

弟之塤 庚子舉人 之珮 庠生 之琇 之璠 之璵

之玠 俱庠生

娶倫氏

子

劉進明

山東萊州府濰縣軍籍附生字晉卿號曰起治詩行三壬午十二月二十三日生丙午鄉試五十八名會試一百三十名廷試三甲二百二十二名兵部觀政壬子授浙江台州府推官改永平府卒

曾祖勝

祖永昌

父鉦庠生

母胡氏

慈侍下

兄佐明　遇明

娶王氏

子騰龍　見龍

劉重慶

山東萊州府掖縣民籍增生字耳枝號紉
孫治詩行一壬午十二月二十七日生丙
午鄉試四十名會試二百三十五名
廷試三甲四十五名禮部觀政授直隸河間府獻縣知縣 丙辰
丁憂

曾祖廷相
祖繼科 廩生
父翰儒 貢元敕封文林郎獻縣知縣鄉飲大賓
母周氏 敕封孺人
具慶下

弟餘慶 貢生 長慶 興慶 安慶 積慶
衍慶 篤慶
娶徐氏 贈孺人 繼娶毛氏 封孺人
子連城

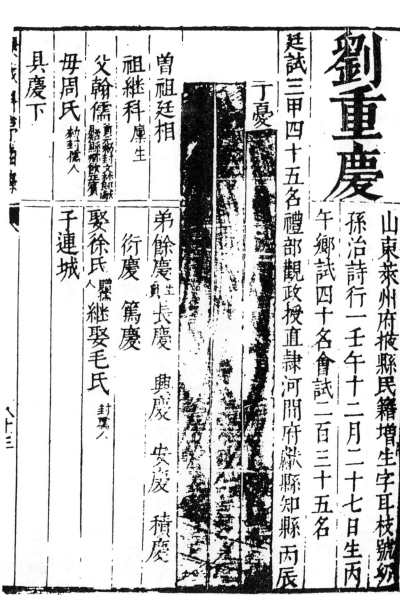

周士昌

四川成都府內江縣軍籍附生字小異號
心濂治書行一癸未正月初一日生甲午
鄉試四十五名會試二百七十四名
廷試二甲四十三名工部觀政授戶部江西司主事壬子差昌
平糧儲癸丑陞陝西司員外甲寅陞廣東司郎中本年
陞眞定府知府丁內艱

曾祖榮富
祖賓壽官
父消
母許氏
慈侍下

弟運昌
娶陳氏　何氏
子鼎鉉　玉鉉

李遇知

陝西漢中府洋縣民籍學生字伸之號質
谷治詩行一癸未正月初二日生己酉鄉
試三十三名會試二百七十一名
廷試三甲一百四十七名工部觀政授直隸大名府東明知縣

曾祖應春 [illegible]司務
祖嘉會
父友竹 庠生封文林郎東明知縣
母劉氏
具慶下

弟達知 庠生 逈知
娶王氏
子百齡 千齡

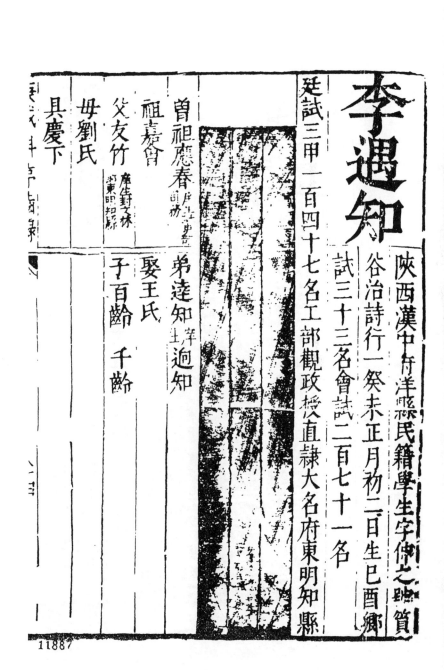

周家椿

福　　　　　軍籍附生字卅

愛　　　　　癸未正月十一日生

鄉試四十五名會試五十五名

廷試三甲十九名工部觀政授浙江寧波府推官丁艱丙□

除紹興府戊午本省同考

[illegible]

曾祖益

祖英 [illegible]

父宗儒 庠生鄉賓

母陳氏　前□□氏

兄家相 [illegible]　家棟 庠　家才　□　家桂

弟起元 辛丑進士　爾發 同□進士　起隆 監生　家鵬

家楨

娶番氏　繼娶洪氏

子龍　士稷　士[illegible]

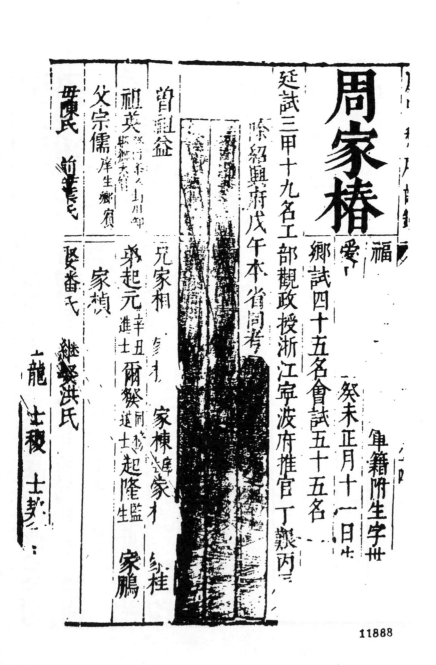

翁家春

浙江温州府永嘉縣民籍廩生字啓陽號
東衢治詩行四癸未正月十五日生巳酉
鄉試七十四名會試六十六名
廷試三甲十八名工部觀政授直隸蘇州府推官卒

曾祖檜
祖邦頫冠帶鄉賓
父文源
母潘氏
重慶下

兄家哲 家慶
弟家敞 家珪生庠 家新 家邵 家懋
娶林氏
子必剛 必毅

譚性教

山東濟南府萊蕪縣軍籍監生字生伯號笠石治易行六癸未正月十九日生癸卯鄉試六名會試一百六名廷試三甲二百五名禮部觀政辛亥授河南陳留縣知縣癸丑六月丁外艱丙辰[illegible]除河南襄城縣知縣戊午本省同考

[illegible]

曾祖文

祖明

父[illegible] 贈[illegible]襄城縣知縣

母李氏[illegible] 繼[illegible]蘇氏

具慶下

兄以炎[illegible] 禮敎[illegible]

弟命敎[illegible] 敎[illegible]生[illegible]孔敎[illegible]

娶王氏 [illegible]人

子其志 其忠

張士雅

直隸順天府薊州民籍增生字德純號念燕治書行一癸未正月二十日生癸卯鄉試九十名會試二百四十六名廷試二甲三十七名禮部觀政辛亥授戶部雲南司主事管南濟二倉甲寅陞本司員外郎乙卯陞貴州司郎中管永平府[illegible]戊午差滿回部

曾祖評 [illegible]

祖守魯 庠生

父符 [illegible]

母顧氏 勅封太安人

慈侍下

弟士奇 生 宗 士瞻

娶田氏 勅封安人

子圭敬 生員 圭忠 圭信

顧起鳳

應天府江寧縣民籍直隸蘇州府崑山人
監生字羽王號醒石治詩經行二癸未二月十九日
生己酉鄉試三十六名會試二百十八名
廷試三甲一百六名戶部觀政辛亥丁內艱癸丑授[illegible]寺左
評事乙卯四川主考丙辰陞工部營繕司主事[illegible]巳陞
員外戊午陞浙江嘉興府知府

曾祖效 [illegible]
祖雷 [illegible]府判[illegible]
父國輔 甲戌[illegible]人 / 遊[illegible]
母王氏 [illegible]
慈侍下

兄起元 戊戌會[illegible]探花 / 翰林[illegible]國子監祭酒
弟起南 庠生 起貞 庠生
娶金氏
子鼒昆 庠生 茂昆 秀昆 申昆

劉康祉

浙江温州府永嘉縣匠籍廩生字以吉號
玄受治詩行二癸未二月二十六日生庚
子鄉試三十四名會試十四名
廷試二甲十四名都察院觀政授南兵部車駕司主事辛亥丁
外艱乙卯復除兵部車駕司主事

曾祖錄 散官
祖化之 散官
父應運 廩生
母周氏
慈侍下

兄康祚
弟康祺 康裕庠生 康祁 康禧
娶趙氏
子炎珽 炎瓚

王元爽

直隸河間府東光縣民籍學生字洪亮號
御李治書行一癸未閏二月初一日生丙
午鄉試一百二十六名會試二百五十三名
廷試三甲二百二十七名工部觀政授直隸鎮江府推官戊午
[illegible]丁丑[illegible]

曾祖鐵[illegible]
祖嘉宥[illegible]
本生祖盟[illegible]
父溉 庠生 擬氏
繼母芳氏 趙氏 孫氏 嚴侍下

弟元衡 元奭 元俊 元舉 元繼
元鑑 元選 元承 元蘭
娶潘氏
子一桂

旧湾 已酉 刑參 告老卒

顧師曾

河南懷慶府懷慶衛軍籍學生字惟甫號
思蘭治詩行一癸未閏二月初三日生巳
酉鄉試四十四名會試二百七十七名
廷試三甲一百二十一名吏部觀政授直隸大名府清豐知縣
乙卯陞刑部浙江司主事卒

曾祖禮
祖士奇
父點庠生
母崔氏旌表貞節
永感下

娶姜氏
子琮

楊巨鯨

山東東昌府高唐州軍籍學生字文淵號
霽嶼治書行二癸未三月初四日生丁酉
鄉試七名會試二百五十七名
廷試三甲一百四十二名兵部觀政 授河南汝寧府理[illegible]
縣癸丑調繁汝陽縣知縣甲寅患病丙辰改京衛武學教
授丁巳陞國子監博士戊午陞戶部福建司主事
[illegible]

曾祖宗誥
祖士弘
父仲齡 [illegible]郎[illegible]
母劉氏 贈太孺人
永感下

兄巨鰲
娶周氏 封孺人 繼娶郭氏 封孺人
子涇 庠生 濤 庠生 洽 瀚 灝 澗 滄
澄

許州知

趙琦

雲南臨安府寧州民籍學生字伯玉號廣霞治春秋行一癸未三月初十日生庚子

鄉試十九名會試三十六名

廷試二甲九名刑部觀政授直隸大名府開州知州癸丑丁父憂丙辰補河南開封府許州知州戊午陞工部營繕司員外郎

曾祖永清

祖遂 壽官

父儒鏜 教授贈奉直大夫許州知州

母張氏 封太宜人

慈侍下

娶王氏 贈宜人 繼王氏 封宜人

子士僑 士倬 士供

作千
亦會二

一家廿進士一筆

祖父孫進士

王象春

山東濟南府新城縣人民籍[redacted]生字季木

號文水治禮行十七癸未三月十七日生

癸卯鄉試二十名會試二名

廷試三甲二百四十名吏部觀政壬子順天同考丁巳陞除上

林院監典簿戊午陞南京大理寺評事

曾祖麟 教授贈通議大夫戶部左侍郎入鄉賢

祖重光 太僕寺少卿贈右都御史諭祭葬入名宦鄉賢

父之猷 浙江按察使入鄉賢

母李氏 贈淑人

下

兄象乾 象坤 象蒙 象泰 象

象賁 象晉 象艮 象斗 象節

象恒 象復 象孚 象尚 象 象益

弟象履 象曾

娶李氏 繼娶許氏

子與文

明時舉

四川順慶府南充縣民籍監生字直卿號虞齋治易行三癸未四月初一日生己酉

鄉試六名會試二百二十四名

廷試三甲一百九十九名大理寺觀政授江西峽江縣知縣調

繁瀘陽縣丁憂四十六年閏四月內補保定府博野縣

四十七年入覲留部[illegible]

[illegible]

曾祖倫大[illegible]　兄時賢[illegible]時過[illegible]

祖紉學生　弟時衛[illegible]時經[illegible]

父諧[illegible]　娶唐氏贈孺人繼娶王氏封孺人

母王氏[illegible]人　子桐　憬　惇　忭

嚴侍下

李烽然

山東兗州府汶上縣民籍廩生字文若號鶴汀治詩行二癸未四月初四日生丙午鄉試六名會試四十三名

廷試三甲四十三名戶部觀政授陝西西安府蒲城知縣壬子本省同考癸丑調繁長安縣乙卯本省同考丙辰行取授戶部福建清吏司主事戊午管驗糧廳

曾祖經

祖賢 壽官

父養賢 [illegible]

母劉氏 封太孺人 前母房氏

慈侍下

兄鄂然 庠生

娶崔氏 封孺人

子恍 恪 憶 慥

李希孔

廣東廣州府三水縣民籍廩生字子鑄號
尋仲治易行二癸未四月二十四日生己
酉鄉試十三名會試八十名
廷試三甲一百二十名吏部觀政乙卯授中書舍人

曾祖如衡
祖從禮 壽官
父大進 以貢生[illegible] 贈徵仕郎中書舍人
母陸氏 封太孺人
慈侍下

兄希尹
弟希孟 廩生 希皐 庠生
娶明氏 贈孺人 繼娶董氏 封孺人
子去非 庠生 去奇

張鳳圖

江西建昌府南豐縣民籍附生、字瑞唐、號

符與治禮記、行六十三、癸未五月初三日

生、庚子鄉試六十七名、會試九十一名、

廷試三甲二十三名、大理寺觀政、授浙江紹興府推官、陞南京

刑部主事、

曾祖大遜

祖思德

父照壬子舉人邵陽 知縣 府縣丹

母劉氏　前母傅氏

庶母曾氏　慈侍下

兄鳳翼廩生　鳳羽增生　鳳翅庠生　鳳起廩生　鳳拱己酉舉人

弟鳳鳴　鳳藻俱庠生

娶余氏

子治經庠生　治功　治式　治理

張翼明

河南歸德府永城縣民籍直隸宿州人選
貢生字伯寅號滄雲治春秋行一癸未五
月十四日生丙午鄉試七名會試七十名
廷試三甲七十六名戶部觀政授湖廣黃州府麻城知縣壬子
承重丁憂乙卯補山東定陶縣辛調繁歷城縣丙辰陞
刑部貴州司主事丁巳調禮部儀制司主事

曾祖傑　[illegible]　毅明生員　德明　浚明　成明[illegible]　文明
祖□監生　娶閻氏封孺人
父易[illegible]　子京尹貢生　京衡　京卿　侄京村[illegible]
母吳氏封太孺人
慈侍下

馬鳴起

福建漳州府龍溪縣民籍學生字伯龍號劬思治易行一癸未六月初六日生庚子鄉試三十四名會試二百十名

廷試三甲一百八十七名戶部觀政授江西浮梁縣知縣壬子調繁衍建縣乙卯本省同考試丙辰暫擬兵部主事侯考選

曾祖璿 庠生

祖應宿

父惟惜 贈文林郎

母林氏 贈孺人

永感下

弟鳴遊 庠生

娶洪氏 贈孺人 續娶林氏 封孺人

子長卿 忠卿 毅卿

葉官

浙江金華府金華縣軍籍學生字嗛齋號
玉壺治詩行七癸未六月初十日生庚子
鄉試二十一名會試一百八名
廷試二甲六名禮部觀政授刑部江西司主事癸丑陞福建司
員外丁憂丁巳補工部營繕司戊午陞湖廣承天府知
府

曾祖鑑
祖時春庠生
父滋
母羅氏
重慶下

兄憲
弟容　宇　宬　標
娶朱氏
子日升

孫枝芳

直隸蘇州府吳江縣民籍學生字思紹號
姚山治易行三癸未六月十三日生丙午
鄉試一百二十名會試三十八名
廷試二甲四十名兵部觀政壬子授山東膠州知州乙卯調繁
貴州丙辰陞工部營繕司員外

曾祖鴻　弟枝英儒士
祖光瞻貢士　娶吳氏
父啓源儒官　子
母張氏
永感下

冼憲祖

廣東廣州府順德縣民籍南海縣人學生
字懋章號鼎周治易行四癸未六月二十
七日生庚子鄉試七十二名會試三十四名
廷試三甲二百名刑部觀政丁憂癸丑授大理寺評事丙辰陞
寺副丁巳陞刑部員外戊午陞湖廣武昌府知府

曾祖[illegible]官生
祖敘修 壽官
父龍
母勞氏
慈侍下

兄敘祖 紹述祖
娶鄧氏 繼娶劉氏
子士高

董繼周

江西廣信府玉山縣民籍學生字茂文號
八際治書貫行十二癸未七月初七日生癸
卯鄉試五十四名會試三十五名
廷試三甲一百六十五名都察院觀政辛亥授廣東海豐縣知
縣丙辰陞南京刑部主事丁巳養病

曾祖佐 鄉飲許官
祖汝貞 大使
父應宸 贈文林郎知縣
母顧氏 贈孺人
永感下

弟繼文 生員 繼珂 繼迥 繼海 庠生
娶王氏 贈孺人 繼娶程氏 封孺人
子思王 辛卯生 春王 辛生

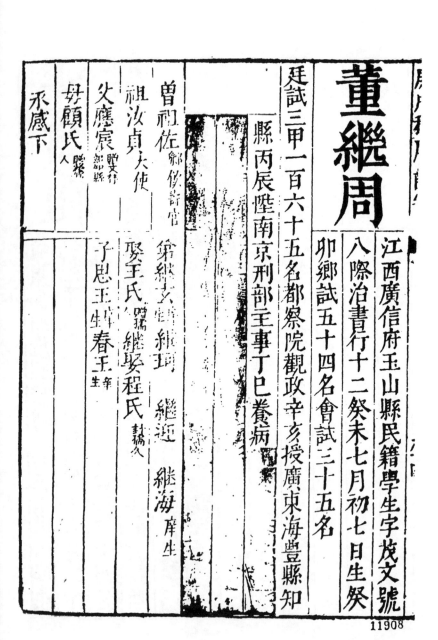

何朝宗

湖廣永州府道州民籍增生字學宴號在吾治禮記行十癸未七月初七日生丙午鄉試二十三名會試一百五十五名

廷試三甲五十六名吏部觀政授陝西西安府三原知縣壬子被論降陝西布政司照磨戊午陞廣東海豐縣知縣本年同考

曾祖伯

祖珂

父元通

母虞氏

慈侍下

兄斗北 斗啓 學禮典史 斗魁 [illegible] 斗作

學詩生俱庠 弟斗朗 斗明 斗極生俱庠

斗翼 斗樞 朝宰 朝宦

娶熊氏

子大壯 大有 大晉 太升

勝字

徐之蛟

山東萊州府掖縣民籍學生字霖卿號大
朋治詩行二癸未七月十八日生己酉鄉
試六名會試五十九名
廷試三甲一百四名吏部觀政授直隸大名府內黃知縣卒

曾祖潔衛府典膳
祖守忠省祭官
父振庠生
母張氏 前劉氏
慈侍下

兄允之 龍儒士 夢鰲 夢鯰 夢庚 之鯤供序生 夢泰
弟夢卜儒士 夢龍庠生 夢褒 夢麟 象 夢好庠生 夢參
徵泰 徵熙 夢璞 夢雄 徵嘉 之蝀
娶綦氏
子慶初 汝完 克昌

字

宋一麟

直隸大名府南樂縣軍籍府學生字仲符號
霞陽治書行二癸未八月二十日生癸卯
鄉試九十九名會試一百八十五名
廷試二甲一百五十八名兵部觀政授河南確山縣知縣壬子
調麻城縣知縣戊午卒

曾祖堂
祖子彬
父銓 [illegible]
母李氏 封孺人
永感下

兄一鳳 庠生
娶陳氏
子贊 庠生 琰 庠生 珽

…十三…甲辰

施逢元

江西吉安府吉水縣民籍增生字惟貞號天虞治書行十癸未八月二十五日生丙午鄉試四十名會試六十七名

廷試三甲二十九名兵部觀政授浙江台州府臨海知縣壬子改教

曾祖降賢 鄉飲賓

祖子豹 鄉飲賓

父汞熾

母梁氏

重慶下

娶陳氏 繼娶孫氏

子 士梃 士掄 士梃

何應瑞

山東兗州府曹州民籍學生字聖符號大瀛治書行一癸未九月初五日生庚子鄉試二十七名會試四十五名

廷試二甲四十五名都察院觀政丁外艱癸丑授戶部四川司主事差河西務鈔關丁內艱戊午補戶部浙江司復差河西務鈔關

曾祖洪

祖朝臣 庠贈浙江道監察御史

父爾健 浙江道監察御史大理寺丞

母袁氏 封孺人

慈侍下

弟兆瑞 庠生 之瑞 上瑞

娶曹氏

子選 生員

李一公

直隸太平府繁昌縣民籍增生字開生號心石治書行五癸未九月初十日生丙午鄉試一百名會試一百十六名廷試三甲七十二名吏部觀政授行人司行人壬子順天同考

曾祖[illegible]

祖[illegible]

父世祖[illegible]州[illegible]教授

母吳氏

慈侍下

兄介 企 俞 俞 [illegible] 俞 [illegible]

[illegible]

弟獻[illegible] 魁 [illegible]

娶徐氏 繼娶周氏

子履中 衍中

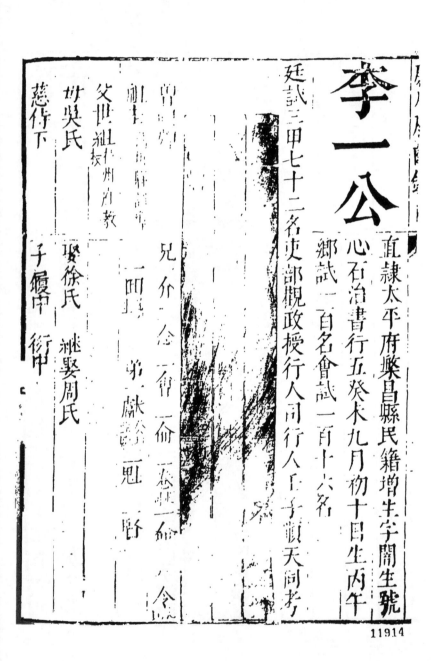

吏部

張光前

山西澤州民籍增生字爾楷號孚洒治詩
行三癸未九月十七日生庚子鄉試三十
名會試一百八十名
廷試三甲四十二名戶部觀政授湖廣武昌府蒲圻知縣壬子
一本省同考丁憂丙辰復除直隸保定府安肅縣知縣丁
巳陞吏部驗封司主事

曾祖仲賓
祖朝器
父思烈 [illegible]文林郎[illegible]
母郜氏 封安人
永感下

兄光先 增廣生 光縉 [illegible]
弟光繡 增生 光祚 生 光宇 光宅 光復
娶史氏 封孺人
子肇隆 肇陽

河

李自榮

河南汝寧府固始縣軍籍廩生字元伯號仁吾治詩行二癸未九月二十九日生庚子鄉試十二名會試一百九十三名
廷試三甲九名吏部觀政授行人司行人辛亥丁艱甲寅補原職丁巳內察

曾祖文
祖登 [illegible]
父希說 [illegible]
母汪氏
具慶下

兄向榮 世榮 恩榮
弟正榮 國榮 長榮 時榮 方榮
際榮
娶汪氏
子一棟 庠生 一蘭 一梅 一芝 一桂

薛大中

陝西西安府三原縣軍籍廩生字允執號龍皋治春秋行一癸未十月初九日生丙午鄉試十三名會試一百四十名

廷試三甲六十六名工部觀政授河南歸德府寧陵知縣丁外艱丁巳補直隸東明縣未任丁內艱

曾祖欽

祖仕正

父約

母王氏

具慶下

兄大化 鞏翰 俱庠生

弟大才 大任 大業 俱庠生 大勳 大謨

大權 大壯 大久 大實 大有

娶蕭氏 繼娶秦氏

子鳳 熊 麟 駿 騄

陳翼飛

福建漳州府平和縣民籍附生字元朋號
小翮治詩行一癸未十月二十七日生丁
酉鄉試六十六名會試一百六十六名
廷試三甲五十八名戶部觀政授直隸松江府宜興知縣壬子
致政

曾祖邦廸
祖高榮壽官
父得昆
母王氏
具慶下

兄聖選甲午舉人
弟維貞甲辰進士　翔飛庠生　翰飛　翁飛
娶鄭氏
子奎煌　景燿　台熙　信爓　壽炌

党中疇

陝西漢中府城固縣民籍學生字易甫號誠寰治書行二癸未十一月初一日生丙午鄉試十八名會試二百十三名

廷試三甲一百四十三名兵部觀政授直隸交河縣知縣丙辰留部卒

曾祖明

祖廷善 增生贈文林郎文安知縣

父傑 從[illegible]南京御史陞[illegible][illegible]知府

母王氏 封孺人

慈侍下

兄中魯 庠生

弟中衡 增生

娶王氏

子珣 瑚 琓 璐 璲 瑱 璹 珽

璞 瑾

徐遵宗

福建漳州府龍溪縣民籍監生字務滋號念生治詩行二癸未十一月初五日生丁酉鄉試六名會試二百四十七名

廷試三甲一百九十四名工部觀政授浙江烏程縣知縣丙辰調直隸博野縣戊午陞南刑部河南司主事

[illegible]

曾祖智顯

祖宜壽官

父孔仁 [illegible]

母黃氏

永感下

兄邁宗 庠生 汝秀

弟光宗 庠生 遷宗 尚賢 監生 時[illegible]

娶陳氏

子長日 郡庠生

陳膺謨

直隸常州府武進縣民籍附生字常采號
鹿莽治詩行二癸未十一月十三日生癸
卯鄉試三十名會試二百五十名
廷試三甲四十名吏部觀政授廣西桂林府臨桂知縣丁憂補
福建建安縣 [illegible]

曾祖逵
祖溢
父文燦
生父文煥　生母馮氏
母朱氏　具慶下

兄康謨
弟治謨　泰謨　昌謨
娶劉氏
子士皐　士稷

[illegible] 同なり

唐暉

直隸徽州府歙縣軍籍附生字文季號[illegible]
揖治書行一癸未十一月二十二日生癸
卯鄉試六十三名會試五十二名
廷試三甲十三名禮部觀政授湖廣武昌府推官壬子本省同
考本年丁內艱次年接丁外艱乙卯復除河南開封府
推官戊午本省同考

曾祖億
祖世經
父汝棟 贈文林郎封府推官
母方氏 贈孺人
永感下

兄曦 旭
弟昕 邑增生
娶汪氏 贈孺人 倪氏
子醇 邑庠生 雅 樸 厚 振

游士任

湖廣武昌府嘉魚縣站籍府學生字伊仲一

字仔生治書行二癸未十一月二十二日

生丙午鄉試三十七名會試一百三十三名

廷試三甲三十三名刑部觀政授浙江湖州府長興縣知縣丙

辰題留暫擬北戶部主事己未補考選

[illegible]

曾祖繼述 [illegible]

祖禮嘉 [illegible]

父讓 [illegible]

母叚氏 封[illegible]孺人

慈侍下

兄士林 庠生 士俊 士達 庠生

弟士選 庠生 士俠 庠生 士取 士逵 庠生

士儒 [illegible] 士元 庠生 士聖 士旭

娶段氏 [illegible]孺人

子明羽 明翰 明翀 明翀

楊呈秀

陝西西安府華陰縣民籍附學生字實[illegible]
號洙源治春秋行一癸未十二月十五日
生己酉鄉試二十四名會試二百六十八名
廷試三甲一百四十五名刑部觀政山東濟南府長山知縣丁
憂補山西太原府太谷縣丙辰調直隸真定府靈壽縣
丁巳調繁[illegible]縣

曾祖仕明 巡檢
祖九疇
父討 壽官
母楊氏 繼母[illegible]氏
嚴侍下

弟呈芳 呈蔭 呈奇 呈英 呈蔚
娶李氏
子琳哥 瑮哥 珣哥

洪雲蒸

湖廣長沙府攸縣軍籍附生字化卿號紫
雲治易行五癸未十二月二十日生癸卯
鄉試十名會試九十名
廷試三甲一百四十八名都察院觀政辛亥授浙江紹興府諸暨知縣
癸丑緣降乙卯補河南許州判官丙辰陞四川梁山
縣知縣[illegible]授順天府昌平州學正戊午陞國子監助[illegible]

曾祖儒範
祖直 庠生
父命 庠生
母賀氏
具慶下

弟雲蓋
娶陳氏 繼娶謝氏
子珪臣 璽臣 瑞臣 琦臣

王運昌 [illegible] 八

王良臣

直隸蘇州府江陰縣人常熟縣軍籍附生

字忠亮號覲敞治詩行一癸未十二月二

十四日生己酉鄉試四十九名會試三十名

廷試三甲一百二十二名刑部觀政授福建建寧縣知縣丁巳改應

天府教授

曾祖[illegible]同知贈[illegible]

祖[illegible]言嘉靖壬戌進士浙江參議祀鄉[illegible]

父維城陝西漢中府通判

母趙氏

重慶下

兄憲明生員 憲曾 憲臣[illegible]

弟輔臣庠生 憲義 重臣 憲祥 慶臣 憲臣庠生 哲臣庠生

憲競 憲申 傳臣庠生 啓臣 憲恭 憲彥 憲文

憲儉 憲宸 師臣 朋臣

娶范氏 子運昌乙卯舉人 應昌

袁鳴泰

廣西平樂府平樂縣籍直隸合肥人字六
階號鳳南治詩行二戊子正月二十九日
生癸卯鄉試十七名會試四十八名
廷試三甲一百九十八名遍政司觀政授浙江青田縣知縣壬
子丁憂乙卯補福建浦城知縣

曾祖廷櫻壽官
祖邦相登仕佐郎
父文修湖廣耒陽知縣
母彭氏
具慶下

兄鳴謙廩生 光祚廩生
弟鳴乾百戶 鳴時 鳴甲 鳴岐 鳴豫
鳴珂
娶劉氏
子啓良 啓泌

田吉

直隸河間府故城縣民籍監生字兆元號
夢吉治禮記行一甲申二月初四日生丙
午鄉試五名會試二百四十二名

廷試

曾祖鐸　娶李氏

祖強　子溥　淳

父世茂壽官

母張氏

具慶下

汪元哲

直隸應天府六合縣民籍婺源人學生字魯生號心燭治春秋行十甲申二月二十三日生庚子鄉試十八名會試四十九名廷試三甲三十八名通政司觀政改揚州府教授陞國子監助教甲寅陞戶部廣東清吏司主事丙辰丁內艱

曾祖瀾鄉耆　兄元穀吏目　元圭縣丞　全器庠生　元英監生　全惠州同　全芑乙卯舉人　元賓經歷

祖拱秀鄉耆　元慶鳴贊　元貞知印　元震庠生　元宰監生　全智庠生　全祚監生

父如底監生　弟　元行庠生　元吉　全祿　全愛庠生

母黃氏　娶胡氏

慈侍下　子國涓　國泗

[illegible]、會元
連狀元
易

大參[illegible]

韓敬

浙江湖州府歸安縣籍烏程縣人軍籍監
生字求仲號止修治易行二甲申年三月
二十一日生己酉順天鄉試第八名會試第一名
廷試一甲一名授翰林院修撰辛亥養病

曾祖繼 誥贈[illegible]布政司左參[illegible]
祖志孝 累贈江西布政司左參政
父紹 辛未進士陝西行太僕寺卿[illegible]右參議
母沈氏 誥封淑人
具慶下

兄敏求 監生 敏德 庠生
娶沈氏
子魁祖 懌祖

馮一經

河南汝寧府光州民籍學生字羽明號楚
瀛治詩行一甲申五月二十六日生庚子
鄉試二十六名會試一百九十五名
廷試三甲一百三十名工部觀政授山東東昌府堂邑知縣癸
丑調聊城縣

曾祖剴
祖時和
父弁 壽官
母胡氏
具慶下

兄嘉會 增生 一中 庠生
弟一躍 一漸 一開
娶陸氏
子元丙 元戊 元辛 元壬 元癸
元寅

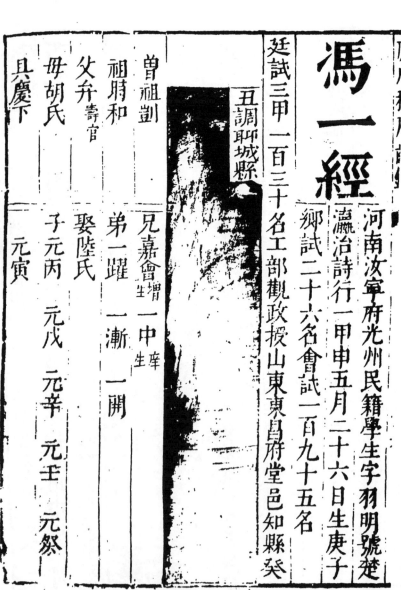

湖廣八

程詿

湖廣德安府孝感縣軍籍學生字爾雅號
芸閣治詩行六甲申五月二十日生丙
午鄉試六十四名會試一百八十四名
廷試三甲一百五十一名大理寺觀政授行人司行人丁憂丙
辰行人陞京職

曾祖昇徐州吏目
祖秭庠生
父學契贈承德郎行人司行人
母湯氏封孺人
慈侍下

兄台廩膳生 圖監生 濤選貢 恪 悟 烱
一、珂 治 翕 弇 澹 研 造
滘庠生 企太學生 弟亨庠生
娶蕭氏封孺人
子良符 良籌庠生 良鈞 良錄

朱期昌

湖廣黃州府蘄水縣弓兵籍選貢生字辰翁號朱陵治易行二甲申六月二十九日生順天鄉試十三名會試五十八名廷試二甲五十六名兵部觀政壬子授戶部浙江司主事八月管驗根廳乙卯陞貴州司員外郎丙辰陞浙江司郎中告病戊午補原職題州究運[illegible]

曾祖玉珊恩例冠帶
祖文奎封御史再封陝西副使
父袗癸丑進士浙江右布政晉階通奉大夫
母張氏封夫人 生母滕氏封安人

兄期至丙戌進士河南懷慶府推官 期脩 期順俱庠生 期萃壬午舉人
期泰增生 弟期同 期豫 期有俱庠生
娶李氏封安人
子絲 紘 鷺

承感下

張庭

山西平陽府蒲州守禦所官籍學生字居敬號複和治書行三戊寅九月初九日生

丙午鄉試四十四名丁未會試一百三名

廷試三甲七十名通政司觀政改順天府教授 壬子陞國子監助教

癸丑陞戶部主事丙辰陞員外天津管糧戊午陞郎中

丁內艱

曾祖準 贈中憲大夫山東按察司副使

祖邦士 贈中大夫山東布政司右參政祀鄉賢

父循占 承德郎直隸真定府通判

母王氏 封安人

具慶下

兄祥 禎 廉 正千戶 廣 同科進士翰林院編脩

弟度 序 席 廙 俱庠生 庚 廩 賡

娶楊氏

子夢麟 夢龍

蔣英

浙江嘉興府嘉善縣民籍附生字瑞甫號瞻岵治易行三甲申十月初七日生癸卯鄉試二十五名會試一百八十七名廷試三甲二百十八名禮部觀政授福建松溪知縣乙卯丁艱戊午補宜興縣

[illegible]

曾祖勳
祖裔庠生
父汝能
母顧氏
繼母陸氏
[illegible]下

兄芳監生 應璋 應珍 茂庠生
弟蕃 澔 苴 蕚 蘭 蕙
娶王氏
子玉璜 玉珽

龔之伊

湖廣岳州府澧州民籍監生字國甫字堯

號姑溪治詩行一甲申十月初十日生丁酉

鄉試二十九名會試一百六十四名

廷試三甲一百三十五名大理寺觀政浙江衢州府常山知縣

癸丑調[illegible]錢塘縣甲寅丁憂[illegible]卒

曾祖宇 壽官鄉賓

祖天申 乙卯亞魁歷嚴[illegible]二府同知祀鄉賢

父敘 庠生

母尚氏 繼母陳氏

慈侍下

娶龐氏

兄之彥 壬子舉人

弟之安 丙午舉人 之傅 廩生 之庠 之愿 之度

之佐 之吉 之伯 俱庠生 之仲 之俶

娶李氏

子

丘履嘉

直隸松江府華亭縣人浙江嘉興縣籍附

生字原禮號存峰治詩行一甲申十月十

四日生庚子鄉試七名會試二百三十九名

廷試三甲一百九十五名工部觀政辛亥授河南商丘知縣

卯本省同考丙辰陞禮部主事戊午丁外艱

曾祖用

祖國賢

父民貴辛卯舉人任福建長汀知縣致仕

母張氏封孺人

具慶下

弟兆嘉　嗣嘉

娶馬氏贈孺人

子以絅　以紹　以續　以綿

陳之清

湖廣武昌府江夏縣民籍監生字滄夫號

宜蘇治詩行一甲申十一月初九日生庚

子鄉試七十八名會試一百十八名

廷試三甲一百四十六名工部觀政福建泉州府晉江知縣丙

辰陞湖州府教授丁巳陞國子監學正

曾祖烈　　兄之沂庠生之泗

祖堪　　娶朱氏

父鎣歲貢　　子廉　榮

母朱氏

重慶下

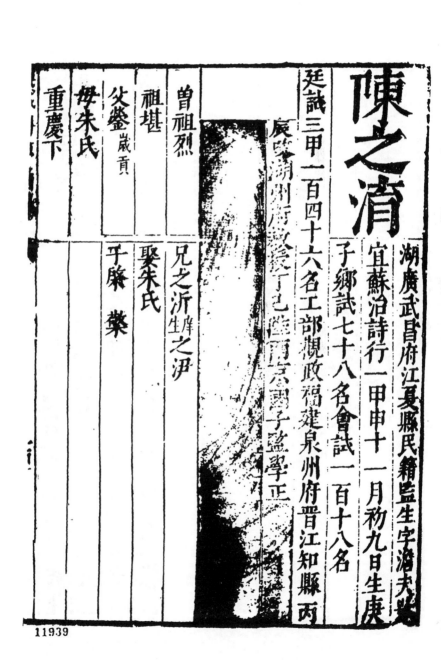

黃聖期

廣東廣州府番禺縣民籍順德縣人廪生
字逢一號濟石治詩行一甲申十一月二
十日生癸卯鄉試十一名會試六十二名
廷試二甲十七名吏部觀政辛亥授戶部雲南司主事監督旧
太倉癸丑養病乙卯卒

曾祖球
祖昌 鄉飲賓
父維貴 壬午亞魁 樂清知縣
母李氏
嚴侍下

兄聖戴 聖端
弟聖垂 戊午舉人 聖際 聖時
娶孫氏 繼娶蒙氏
子可達 可逵

黃一鳳

江西臨江府峽江縣民籍廩生字時鳴號
聲元治書行五甲申十二月初二日生巳
酉鄉試五十六名會試一百六十七名
廷試三甲二百二十六名工部觀政丙辰授大理寺評事

曾祖謙恒
祖重甫
父應用
母金氏　前母劉氏
繼母孔氏　具慶下

兄一龍廩生　一桂庠生　一鵬　元吉庠生
弟一槐
娶陳氏
子嘉謨　嘉猷　嘉訓

乃出丙午十七名
会三百丙子
年甘肅凉山盐
丁丑以劉以
狼叡敍一百
排第張六一
三[illegible]八

常道立

陝西西安府三原縣軍籍增生 字修之 號
還一 治書 行三 甲申十二月二十六日生
丙午鄉試十六名 會試三百名
廷試三甲二百四十二名 吏部觀政 癸丑授戶部福建司主事 丙辰陞
員外 丁巳陞郎中 丁外艱

[redacted]

曾祖仲金
祖侃
父偙 儒官
母李氏 繼母張氏
具慶下

兄道行 庠生 道興
弟道充 道光 道顕
娶扈氏
子日新

11942

詩
陝衛一六名
二百七十一
三甲河南
推官

王弘祖

陝西西安府同州軍籍學生字繩武號含
一治詩行一乙酉正月初九日生庚子鄉
試六名會試一百七十一名
廷試三甲十二名戶部觀政授河南開封府推官壬子本省
同考乙卯陞兵部職方司主事[illegible]

[illegible]

曾祖輔
祖鑾
父雁誥封 本生父應命移封推官
母路氏誥封孺人 本生母劉氏移封孺人
具慶下

弟鳳庠生 述祖、似祖 追祖 輝祖庠生
振祖把總 耀祖庠生 念祖 崇祖、榮祖
憲祖
娶劉氏
子緒隆庠生 緒昌、緒延庠生

許大成

廣東廣州府順德縣籍番禺縣人軍籍附生字希文號見海治詩行二乙酉正月十四日生己酉鄉試二十二名會試二百四十一名

廷試三甲一百三十二名都察院觀政授行司行人癸丑卒

曾祖欽壽官

祖曰

父符庠生

母伍氏

慈侍下

兄豪官

弟自成

娶邵氏

子儲馮 儲翼

宋學道

直隷廣平府永年縣民籍增生字仲明號悊陽治易行二乙酉正月二十三日生庚子鄉試一百二十九名會試一百三十一名廷試三甲二百九名刑部觀政授山西長子縣知縣乙卯本省同考丙辰考察丁巳左遷河南按察司照磨

曾祖傑

祖子貞 歲貢贈湖廣道監察御史

父范 辛未進士湖廣按察司僉事前湖廣道御史翰林院庶吉士

母成氏 封孺人 繼母賈氏

慈侍下

兄學書 學古 俱庠生 學易 [illegible]

弟學韶 壬子舉人 學倫 學性 學說 學聚 俱庠生

學[illegible] 武舉 學確 學識 庠生 學中

娶竇氏

子顧洛 庠生 顧恂 顧佰 順橋

潘融春

浙江紹興府餘姚縣軍籍學生字季祿號
與偕治易行六乙酉二月初八日生巳酉
鄉試四十五名會試四十一名
廷試三甲十一名禮部觀政授廣東廣州府推官

曾祖瑋
祖守仁鄉賓
父諫庠生封奉直大夫工部員外郎
母孫氏封宜人
具慶下

兄陽春戊戌進士見任福建參政 瑞春丙午亞魁 芳春增生 肇春武舉
弟長春庠生 宜春 茂春 熈春庠生 同春
永春
娶楊氏
子澄 源

曾左參議
[illegible]
事

周爾癸

福建泉州府同安縣軍籍附生字子祥號艮菴治易行一乙酉二月十八日生庚子
鄉試六十一名會試一百六十五名
廷試三甲七十七名禮部觀政授直隸蘇州府吳縣知縣廻避
改直隸濬縣知縣甲寅獲考滿封文林郎乙卯順天同考試
官丙辰四月留部丁巳十月陞禮部祠祭司主事

曾祖文鎮
祖仕慶鄉賓
父國賓貤封文林郎濬縣知縣
母溫氏贈孺人
永感下

兄爾輿 爾恭 爾本 家椿同榜進士見任紹興府推官
起元[illegible] 廷鏌乙卯舉人 弟爾尚 爾汲
爾邁 爾經 爾端 爾煥 爾珍 廷鑽邑庠生
娶黃氏[illegible]
子太槐 棨槐 森槐 榮槐

11947

三百一

李聞詩

雲南鶴慶府民籍[illegible]人字興□號周思學生治

詩行一乙酉十二月二十七日生癸卯鄉試二

十二名會試二百八十四名

廷試三甲一百三十九名戶部觀政授湖廣公安縣知縣改順

天府教授陞國子監助教乙卯陞戶部四川司主事戊

午臨清鈔關[redacted]

曾祖蓁選貢

祖献科

父鳳翀選貢

母趙氏

永感下

弟聞禮冠帶 聞義

娶趙氏

子繩武 繹武 續武

史贊舜 湖廣常德府龍陽縣軍籍增生字元亮號[illegible]治詩行一乙酉年二月二十四日生

丙午鄉試八十二名會試二百五十六名

廷試三甲一百七十七名刑部觀政授浙江開化縣知縣改南

京儒學教授丁憂丁巳補順天戊午陞國子監助教[illegible]

[illegible]

曾祖廷佐 壽官

祖价 封知縣

父與祿 [illegible]

母馬氏 封孺人

慈侍下

兄贊成

弟贊曾

娶高氏

子純臣 世臣

魏光國

江西撫州府東鄉縣民籍學生字士爲號合虛治詩行七乙酉三月初六日生庚子鄉試三十四名會試三十七名

廷試三甲七十三名吏部觀政授行人司行人戊午暫擬禮部主事本年養病

曾祖正輝 贈太常寺博士

祖時雍 任太常寺博士

父廷用 任廣東龍川知縣

母樂氏

慈侍下

兄應瑞 應麟 靖國 廩生 安國 廣國 監生

充國 增生

娶吳氏

子可絳 庠生 可舒 可收 可徵

文三俊

福建漳州府鎮海衛籍直隸舒城人學生
字文瀛號癡齋治詩行四乙酉三月十四
日生癸卯鄉試九名會試四十六名
廷試三甲一百七十名戶部觀政授浙江上虞縣知縣

曾祖杰 壽官
祖運 庠生
父目新 母陳氏
嗣父華 嗣母龔氏
嚴侍下

兄三奇 三捷 俱庠生 三省 守忠 應襲生
弟開啓 三源 開覺 俱庠生 三畏 三科
三台 三重
娶蔡氏
子之驕 庠生 之鳳 之麟 之鴻 之鵬

王濲

山東青州府益都縣民籍廩生字帶如號愚谷治詩行一乙酉四月十一日生

鄉試十名會試二十名

廷試三甲一百五十二名吏部觀政授大理寺評事癸丑陞左寺副乙卯陞戶部福建司員外郎監武糧儲本年陞本部浙江清吏司郎中丙辰陞甯州知府

[redacted]

曾祖實 以子希顏封湯陰縣知縣

祖希哲 貢生授浙江鹽運司經歷

父好敬 廩生封大理寺寺副

母鄭氏 勅贈孺人

嚴侍下

兄浚 舉人

弟袞 廩生

娶馮氏 贈孺人 繼娶楊氏 鍾氏 封孺人

子尊迪 尊約 尊素

傅相殷

四川瀘川州民籍學生字惟肖號乃風治易行一乙酉四月十七日生丙午御試三十七名會試一百十五名

廷試三甲一百七十八名工部觀政授湖廣潛江縣知縣卒

曾祖實 府庠生

祖嘉謨 貢生

父之德 庠生

母殷氏 繼母王氏

永感下

弟相高 相徵

娶白氏 繼娶吳氏

子正氣 浩氣 淑氣

李中行

山東青州府樂安縣民籍附生字與之號二水治詩行三乙酉四月二十六日生癸卯鄉試七十一名會試二百六十二名廷試三甲二百二十五名刑部觀政本年丁外艱癸丑授大理寺左評事乙卯陞本寺右寺副陞刑部員外戊午陞直隸鎮江府知府

曾祖賓
祖統
父尚思 壽官鄉飲賓
母延氏
慈侍下
兄中正 主簿 中立 庠生
娶張氏
子璋

[illegible]

楊一鵬

湖廣岳州府岳州衛官籍監生字大友號崑岑治詩行四丙子五月十三日生丙午鄉試十七名會試一百三十七名

廷試三甲二十名都察院觀政授四川成都府推官壬子本省同考乙卯貴州同考丙辰陞吏部驗封司主事丁巳調考功文選戊午陞驗封司員外郎考[illegible]陝西主考九月調文選司

曾祖德 庠生

祖恭

父紹儒 封四川成都府推官

母湯氏 贈孺人

嚴侍下

兄一廉 廩生 一奇 一韋 庠生

弟一培 庠生 一竑 一王

娶蕭氏 封孺人

子聖朝 庠生 治朝 泰朝 昌朝 盛朝 熙朝

[illegible]

王念祖

直隸常州府武進縣民籍廩生字孝先號
平之治詩行十乙酉七月十二日生己酉
鄉試十一名會試六十九名
廷試三甲二百十五名大理寺觀政授湖廣潛江縣知縣戊午
改揚州府教授

曾祖蘭　兄堦　坤　域　壉　均　念兹庠生
祖松　圻　墉　光祖
父舜卿乙酉舉人　弟昌祖　弘祖
母謝氏　娶童氏　繼娶陳氏
永感下　子仁生

史孔吉

直隸應天府溧陽縣官籍廩生字敬勝號
亦歩治詩行一乙酉七月二十二日生巳
酉鄉試六十九名會試二百九十五名
廷試三甲一百八十三名大理寺觀政辛亥授福建泉州府
南安縣知縣[illegible]乙卯本省同考丙辰擢
工部主事戊午擢戶科給事中[illegible]

曾祖鏊 貢士
祖曰嘉 [illegible]
父餘道 封文林郎 崇安知縣
母潘氏 封孺人
具慶下

兄濟元 廩例 監生
弟允吉 兆吉 庠生
娶蔣氏 封孺人
子儒縉 儒綱 儒侃

張國柱

山東濟南府平原縣軍籍附生字維楨號
寧宇治詩行二乙酉九月初十日生庚子
鄉試三十一名會試二百五十一名
廷試三甲一百六十一名工部觀政辛亥授河南臨潁縣知縣
[illegible]調考甲寅丁外艱丙辰丁內艱

曾祖應辰
祖東周 省祭
父學孟 儒官封文林郎
母劉氏 封孺人
具慶下

兄國璽 生員 國棟 生員
娶劉氏 贈孺人 繼娶任氏 封孺人
子玗

湖廣承天府景陵縣民籍增生字定如號

酉九月十五日生巳酉

之名

周

王時和

直隸大名府魏縣民籍學生字元調號旭
谷治詩行二庚辰十月初五日生巳酉
鄉試一百九名會試二百十二名
廷試三甲一百五名吏部觀政授山東濟南府淄川縣知縣內
辰陞禮部主客司主事

曾祖秉 壽官
祖甫
父思忠 封文林郎
母張氏 封淑人
慈侍下

兄時太
弟時興 時晟
娶史氏
子憲

河南

孫織錦

河南開封府許州民籍廩生字伯間號太
素治書行一乙酉十月二十六日生巳酉
鄉試三十一名會試一百五十二名
廷試三甲二百二十名戶部觀政授直隸武清縣知縣癸丑調
繁固安縣乙卯順天同考丙辰陞南京吏部主事戊午陞
郎中丁艱

曾祖得隆
祖崇輝
父以信 廩生
母趙氏
具慶下

兄瑞錦
弟雲錦 藻錦 綉錦 雋錦 紋錦
繪錦 蕃錦
娶趙氏
子培元 儲元 褒元 涵元

史高先

山東濟南府樂陵縣軍籍學生字紹卿號

夢斗治禮記行三乙酉十一月初八日生

己酉鄉試七十三名會試二百六十名

廷試二甲十九名戶部觀政授辛亥除授南京戶部廣東司

主事甲寅陞本司員外乙卯陞浙江司郎中丙辰陞湖廣

襄陽府知府

曾祖述貢士湖廣岷府典儀

祖袋庠生封奉政大夫西安府同知鄉飲賓

父邦直戊辰進士河南副使累贈中憲大夫名宦

母高氏封宜人贈恭人　繼母謝氏

慈侍下

兄高佾癸卯經魁　樓承差　閣庠生

弟司弼庠生

娶邢氏封安人

子惟明　惟慎

參政
戊午河
南大主
考礼沘

朱綵

四川保寧府劍州民籍廩生字濟父號鐸
鶴治禮記行四乙酉十一月十五日生癸
卯鄉試三名會試一百一十九名
廷試二甲一名吏部觀政授禮部儀制司主事乙卯陞祠祭司
員外郎戊午河南主考陞儀制司郎中己未陞福建布政
司右參政

曾祖晟 庠生
祖廷佐 庠生
父裳 李正
母李氏
永感下

兄絢 庠生 纘 綎 庠生
娶羅氏
子

附

胡一鴻

貫 興府餘姚縣軍籍學生字季漸號

逵羽治書行四乙酉十一月二十一日生

巳酉鄉試八十六名會試八十五名

廷試二甲七名兵部觀政授南工部屯田司主事 癸丑陞都水司

郎中乙卯陞湖廣荊州府知府戊午丁內艱

曾祖匡 倉副使

祖懋 庠生封承德郎

父邦彥 庚午舉人汝州知州

母李氏 封安人

慈侍下

兄維新 己未進士參政 汝器 教諭 文魁 藩司吏 一德

一鵬 一鰲 一鳳 庠生 一經 一鶚 庠生

弟一鯨

娶張氏

子兆麟